私という花果が実る人生の調理法
Recette ルセット

美妙
L'idée de la beauté
メソッド

美妙メソッド創始者
あかさか わけい

みらい PUBLISHING

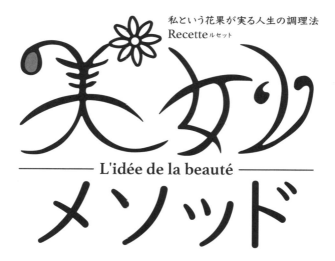

はじめに

～私という花果《はなか》を実らすために～

人生を幹に喩えると、一つひとつの経験は幹から伸びる枝となり、その枝は時が来て葉を付け、やがて多くの花を咲かせます。その花から果《このみ》を実らせるには、交流が受粉となります。

体験から得た学びは根の土壌を肥やし、人生という幹を育てます。体験を肥やしにするには、納得という酵素が必要になります。

本書は、納得という酵素を創る案内書です。

11年程キャリアカウンセラーに携っていた時に、日々何人もの方と面談していました。

その中で、今も覚えている相談者の声は、〝私の10年を返してほしい〟と50代の女性に云われた言葉です。その方曰く、気がつくと〝大切な10年の時が過ぎてしまった〟そうです。

今まで一生懸命、目の前のやらなければならない事に対処していたので、気づいた時には多くの時がいつの間にか過ぎてしまったと感じたようです。その時は気が外に向いていたので自分の事など考えもせずに、やがて一段落して自分を観た時に、今のような言葉になったのでしょう。


ここで気にとめてほしいのは「空白」と思っている10年間のことです。

当時は、優先順位で動き回り、今やることに集中して、自分の事などは後回しで身体と思考をフル回転し、忙しい年月だったと思われます。そこで置き去りにされたのがココロです。ココロが伴っていない10年だったのでは？　と思います。

ココロは置き去りにされてしまうと、置き去りにされた時点で留《とど》まりそこから動けません。それが空白の10年と感じたのでしょう。この続きは3章「ココロとカラダの繋がり」でお話します。

何かにつまずいた時には、一旦立ち止まって振り返りましょう

歩いていて、つまずく事ありませんか…。

私はよくあります。チョットした段差で足先が引っかかってつまずき、その時いったい何につまずいたのか？　振り返ってみます。あの些細《ささい》な段差でつまずいたのか…など、振返り確認し親指を上げるとつまずかないかも、などを意識します。

人生においても、つまずく事があります。

チョットした何かにつまずくのです。何が起こったのか？　そのつまずいたところは？　そのキッカケは何だったのか？　などなど。


今を生きていくために…


そして未来を創るために立ち止まって振り返る事も必要なのかもしれません。

過去を振り返り…今まで何を目標に時を重ねて来たのか？

どんな体験をして…何を学んできたのかなどです。

学校では覚える事が中心で、自分で考えて行動する事はできませんでした。しかし社会に出ると、それぞれが独立して自分で考えて行動していかねばなりません。

それらを通して、自分を振り返っていきましょう。

その道案内をしていきます。

自分という存在を知りその価値を認める事…。

そして自分を活かす方法を見出し、そこに向かう航路の羅針盤を創っていく。すると安心して人生という路を進んで行けます。


人は私を含め弱いです。この先何が起こるのか？　不安材料はたくさんあり日々一喜一憂します。しかし、自分の進む路が判りその路を歩いている実感があれば、多少の揺らぎも受け止められるのではないでしょうか？　すべては直線ではなく、曲線です。直線は折れやすい脆さもありますが、曲線には柔軟性があります。

その様に曲線として物事を受け止める事ができると、柔軟性がクッション役となりココロに余裕が生まれます。その余裕がココロに幅を持たせ、その幅の中に一つひとつの体験が織り込まれるとココロが充たされるのではないかと思います。

ココロの充実は魂に栄養を届け、魂は波動を高め次元を上げていきます。そして魂は意識体である非物質のカラダを整え身体を調整しカラダ全体をハーモニーバランスで包みます。

このハーモニーバランスは意識体として、個から集団へ集合意識へと周波数として繋がっていきます。

本書は自分のハーモニーバランスを整えるその方法と考え方を、5つの方面から載せています。Ⅰ章生き方編・2章カラダ編・3章ココロ編・4章意識編・5章ルセット法としてセルフエクササイズを載せています。それぞれの章で角度を変えて伝えています。自分のハーモニーバランスを整える方法を**美妙《みみょう》メソッド**と名付けました。

自分を調整して、自分の集合意識に繋がり、悔いのない納得した人生を歩んでいくために揺るがない軸を創っていきましょう。

究極の美を求め続けて

私がこうして美妙メソッドに辿り着くまでには、とても多くの時間が掛かりました。

それは小学生から始まりました。美への想いは外観美を整える美容師から始まり美容専門学校教員を経て、その奥の審美と言われているエステティックへ進み、さらにカラダを整える自然療法へ辿り着きました。私の美を育ててくれたのは主にフランスでした。ボロニックにあるタラソテラピーセンター館長の教えは意識の世界へ導いてくれまして、カラダのケアには意識が欠かせない事を教授してくださいました。

さらにスリランカ留学中にアーユルヴェーダDr.より、病の元であるカラダの毒素はココロが基になって生み出されると識《し》り、ここでカラダとココロと意識が繋がりました。後の美妙に辿り着く3本の柱となりました。

カラダとココロと意識を動かしてる感情の存在は、すべてを握っている裏番長の様に眼には見えないところで操作をしています。

その感情は無意識の中に保存されていて、人生の舵を握っています。いくら舵取りを変えたくても、軌道《きどう》は感情の赴《おもむ》くままとなります。その感情コントロールしないとすべては砂上の城になってしまいます。

もう一つ小学6年の時に決めた中学校からの進路は、仏教校でした。その起点から時を経て精神性へ進み、感情をコントロールし再教育するには、仏教の因果関係の法則やカルマの仕組み等を識《し》らなければ、つじつまが合わず、納得できないと覚《さと》りました。

この様に生涯をかけた美への探求は、仏教の教えをもう一方の軸とした精神性と、物体としての美が融合して完成しました。美と仏教は幹と根の関係です。根が育って幹が成長し花を咲かせ果を実らせます。

そして最後に辿り着いたキャリアの路は、4本目の柱となり「生き方」を識《し》らせてくれました。この4本の柱がハーモニーバランスとなりココロとカラダと意識を繋ぎ、その人らしい生き方としての〝美を奏でられる〟言葉として〝美妙《みみょう》〟と顕しました。

もともとは、美と仏教は同じ世界観でした。仏の世界こそが究極の美だったのです。その事を思い出し自分で納得するために、また表現するために、様々な方面から捉えてきた美と仏教を繋げる旅は、私の人生そのモノの青写真※であったとしみじみ実感しています。

あなたの仕事は何でしょうか？

「幸せの青い鳥を探しに旅に出たチルチルとミチルが最後に辿り着いた場所。青い鳥が既に居たところは自分たちの家だった」

この物語は人それぞれに与えられていて、私達一人ひとりの人生という旅のテーマの様です。何を幸せと感じるかは、人それぞれですが、旅の目的を識《し》り歩んで行かれると、今とは異なった意識で人生の路を歩むかも知れません。

私達の人生は、今世の課題を思い出す事から始まります。仕事を通して、プライベートを通してその両面から課題を思い出していきます。

職業と仕事は違います。その職業を通して何をするのか？　それが仕事です。

魂の意は、その仕事を通して愛を学ばせる事が目的の様に思います。

職業はあくまでもツールです。その職業を越えた仕事こそ高次の自分が身体に課せた役目であり使命である様です。まずは好きな職業を選び、その扉を開き自分の魂がすべき仕事を見つけて、それを実行していきましょう。

生きてきた意味を解き
生きている価値を識《し》り
生きていく指標を創る

本文を通し、自分の人生を再度見直すキッカケとなってくださると嬉しいです。
「人生をルセットする」自分の手で、自分の人生を美味しく調理して行きましょう。
限りある命と時間…納得した人生を歩むためにスタートしましょう。

※青写真《ブループリント》(ブループリント)について
私達は生を授かる前に、今世の青写真(ブループリント)を掲げて産まれて来るようです。しかし産道を通り時間が経過するにつれ、徐々に薄れ忘れてしまうのです。希に前世の記憶や未来を観て、それを覚えて降りて来る子供もいる様ですが、ほとんどはその後の概念に上書きされてしまいます。
魂のブループリントとは、エネルギーフィールド(オーラ)の深層心理(無意識)に書き込まれていて、産まれる前に魂が描いた計画(青写真)のこと
(エルアシュール著　『魂のブループリント　魂に刻まれた《本当の自分》を知れば人生はずっと楽

になる』ヒカルランド刊　より技粋）

もくじ

もくじ

もくじ

もくじ

序章

私の人生を美味しく「調理」するRecette《ルセット》

ルセットとはフランス語で
「調理法・レシピ」という意味です。
自分という「素材」を識《し》り、
その素材を「活かす」ためのレシピ「調理法」です。

美味しく調理するには、
自分の本質を見極める事からスタートです。

自分の事は知っている様で知らない私達

自分の本質を知ると、何か人とは違うところ・人に合わせられないところなど、今までシックリ思えなかった事が、腑に落ちてくると思います。今まではなかなか自分のために時間をさいて、自分の想いに向き合う時間もなかったかも知れません。

またできないと諦めていた分野かも知れません。これまで、手相や占い鑑定などに行かれ助言を受けた方もいらっしゃるのではないでしょうか。それほど、自分の事や将来の事は不安定で不確かで、判らないのです。

よく「自分と向き合いましょう！」という言葉を耳にしますが、意味が良く判らずに使っているかも知れません。本書で云いますと向き合うのは、自分の聖域にある魂です。

「魂と向き合いましょう」という事なのですが、いきなりは難しいので、まずは身体と向き合うところから始めましょう。

身体の違和感に意識を向けて観察する

何か変だなぁ~と思っている部分に焦点を合わせ、色に喩えて感じてみます。
例えば、腹部のみぞおちの周辺にいつも重さを感じているとします。
どんな色をしていますか?…青く黒い感じ
その色は自分にとってどの様に感じますか?…冷たく鉛の様な重い感じ
自分が感じる健康な色は?…オレンジ、黄色
次に、色のギャップを観ていきます。青黒い色とオレンジ黄色のギャップ…
寒色の冷たい感じと暖色の温かい感じの違いなどです。

その結果、消化器系が弱っている自覚があれば、冷たいモノは控え温かい飲食に変えて、消化の良いおかゆやスープなどの食べ物に変えてみます。お腹が冷えると、カラダ全体が冷え循環が悪くなるので、温めるための何かを工夫して考えて実行していきます。そのような身近なところから、向き合っていきましょう。
最初は判らなくても、意識して観察し、今まで気づかずに放って置いた箇所に、目を向けて耳を澄まして異変を感じ取ると、カラダの声が聴こえてきます。何か言っている? 何を伝えているのか? など、その声を聴いてみましょう。

聴いても、今すぐに実行できないとしたら、期間を定めて実行する旨を伝えてください。頑張って待っていてくれます。

これは一例ですが、できるところから始めてみると、何かの変化に気づきます。

我慢や忍耐が続くと、身体もココロも石の様に重く固く冷たくなっていきます。それを解《とか》していくには、固くなった原因を探っていきましょう。

自分という素材を活かし調理するには

身体の違和感と向き合うエクササイズが終わったら、ココロへ魂へと進んでみましょう。

最初は、判らなくても、周囲の人を通しての言葉や目線・態度を通して伝えられます。

少しずつ云わんとしている事が感じ取れる様になってくると良いですね。

本書では自分の特徴に気づける実践法を5章「ルセット法」に用意していますので、ご活用ください。

自分という素材を識って、その特徴を活かす調理法です。

調理人は、素材の風味を損ねずに、味そのものを活かす調理をします。その素材を知るには、現地に行って直接風土を調べ、創られた環境や経緯を調査し、でき上がった野菜や果物など、あるいはそこから創られた加工品を時間と手間を掛けて吟味して調理する素材を選びます。それは素材によってでき上りが違うからです。

ワインもブドウを育てる風土や収穫時期、熟成させる環境と期間・年代によって大きく質が変わると云われます。私達の口に入るまでには眼に見えない人の想いも時間も含まれています。

私達も、今の自分になるまでには多くの手間と時間と環境という土壌がありました。過酷な土壌で育つ場合もありますし、ふかふかな豊かな土壌で育つ場合もあります。自分という収穫までには、どんな環境土壌で育って来たのでしょうか？　そして、栄養として何を与えられたのでしょうか？　そして自分に対して何を与えたのでしょうか。あるいは、与えてこなかったのかもしれません。今の自分を観察し、これからの調理法を考えていきましょう。

※身体とココロの成長は別モノで、自分を識る事はさらに違います。何かを極めていらっしゃる

方々は、己を知っている・己を観察する事から始められると思います。

なぜ、私達は自分のために生きられないのか

それは、先祖（親）から受け継がれた信念が組み込まれているからです。

生を授かってからは、身近で育ててくれる親達の顔を観て、親が喜んでくれる姿を観て、また親も赤子が喜ぶ姿を観てお互いの喜びとします。そして、子供は親を喜ばせたいと、親の反応をみながら育っていきます。

さらに、幼稚園や保育所から小学校へと進み、親以外の教諭、そして友達を通して自分を映す鏡に囲まれ、反応を確認しながら、自分を形創っていきます。認めてくれる…褒めてくれる相手に焦点を合わせていきます。

影響力の強い親や教師などを手本として幼少時を過ごしますが、その手本には大人達の偏見や歪んだ捉え方も含まれていて、それを知らずにモデルとしてまねてしまいます。

大人たちは何も考えずにそれを子供に譲り渡してしまいます。なぜならその親や教師も、自分の

親や教師から受け継いだ信念が基準となっているからです。それを子供に無言の態度や表情として、また言動で示していきます。

受け取る子供側は、それをまね、自分でも同じ様に外に発信していきます。同時に大人達から示された自分への価値観も一緒に受け取り、**自分という存在価値も受け取ります。**

親や教師達の偏見などで、自分を価値のない存在として幾度となく示された場合、その事を無意識にインプットし、それを基準に人格・選択・人生も進んでしまいます。

結果〝生まれてこなければ良かったのか〟その様にもし感じてしまうとしたら、それはとても悲しいことです。


その植え付けられた信念を替えなくてはなりませんが、幼少時に型押しされ根付いている信念はそう簡単には入れ替えられないのです。

その信念が基になって感情が生まれ、カラダを構成し、ココロにも組み込まれているので、納得をさせて手放すには、根気という諦めない気持ちと時間が必要です。

これからの各章で、観方・捉え方・手放し方を導いて示して行くので、一緒にレッスンしていきましょう。諦めずに古い信念と向き合っていきます。

1章

私らしい生き方へ

私達は地上で何をするために存在するのでしょうか？
それは、掲げて来た青写真を
具現化するための仕事に就くためです。

仕事とは仕える事で、何に仕えるのかが問われます。
さらには仕事を通して、紆余曲折…挫折…嘆き…苦しみながら
己の自我が磨かれ三身一体（魂…高自我…自我）となって
役目・役割を担って行くと私は思います。
これからその一つひとつを辿りながら、
自分の仕事とは何か？　をみていきましょう。

“生きる”ということは誰かに借りをつくること
“生きていく”というのはその借りを返えすこと

記憶に残る大切な言葉です

生きていくとは「自分の可能性を信じる」ことかも知れません。

ここから、カラダの空腹・ココロの空腹・魂の空腹を基に〝生きる〟について話を進めていきます。**生きるにはエネルギーが必要です。**空腹では進めないのです。

〝腹が減っては戦《いくさ》ができぬ〟その言葉通りで、生きるというアクセルを踏むには、その前に、**自分を充たす必要があります。**

生きるためにカラダを充たすとは？

では何を充たすのか？　それがカラダでありココロであり魂です。充実感という言葉がありますが、それはどこで感じるのでしょうか。最終的には魂が感じると思いますが、それを実感するには少し前段階が必要です。

まずはカラダを充たしていきます（詳しくは2章「生体バランスの回復」で話しています）。

身体を車体に喩えると、まずは車体を動かすために車両の点検と燃料のガソリンが必要になります。そのガソリンを燃料として燃やすには、着火する電気が必要になります。そしてアクセルを踏んで車体を走らせます。生きていくのも同じです。

物質世界で生きていくには、カラダが必要になり、身体を動かすには点検と食物という燃料と、着火させる存在が必要になります。

その**着火が気の力**です。〝生きていく〟進行形のためには、気力という気のエネルギーが必要になり、その**気力が意識**です。

俗にいうスイッチというモノです。何を意識しているのか？　その意識によって気の力が左右されます（3章「ココロとカラダの繋がり」に意識を数字で表しているマップを載せていますので参照してください）。


その意識の根底に無意識があり、無意識には感情が存在します。その感情には喜びも怒りも憂いもあり、その感情はココロを動かし、そのココロが原動力となってカラダを動かしています。ガソリンの入った身体を動かしているのは感情であり、その感情は意識として表面に現れ、〝生きていく〟着火を担っています。

カラダとココロと意識の繋がりをザックリ話しましたが、意識という着火がないと生きていくためのアクセルが踏めません。もし着火しないまま無理に進んでしまうと、不完全燃焼を起こし、やがてはその不完全燃焼が放つ毒素がカラダとココロを冒し、病の基となって、不健康に生きる事を余儀なくされてしまいます。

では、不完全燃焼にならないために、カラダとココロに何を施したら良いのでしょうか？　それをこれから一緒にみていきましょう。

〝生きる〟という事に絞って話を進めます。

ほんの小さなキッカケが、人生を変えていく

本や動画や人との出逢いも…遭遇する出来事も…言われる言葉もそして自分の言動も…

すべては気づきのキッカケとなり、今の自分に繋がっていくと思います。

偶然ではなく必然として出逢い、それぞれの役目を果たし、それが終わると去って、また新しい何かと出会うその繰り返しです。

その出会いや別れで放った言動は、意識・無意識に関わらずに蒔いた種としての原因となり、その原因は人生の路先き案内人のように自らを導き、そして結果を生んでいきます。

今の種蒔きは未来の花果《はなか》となります。

自分の蒔いた種と添える言動は、いつの日か時を経てブーメランのように必ず自分のところに返ってきます。その時に花と果《このみ》となって返ってきたら嬉しいですね。それは今ではなく未来世かも知れません。

過去世で蒔いた種、あるいは以前蒔いた種は、好む好まざるは別として刈り取っています。それを思うと種の種類も、添える言動も大事です。

人には、それぞれ自分という種を植える環境がある

自分以外の人に植え付けられてしまった概念は〝信念〟となって、人生路の基となり一旦目的に橋を掛けてしまうと、途中で引き返すこともできないまま、押し流されてしまうかも知れません。

しかし「どこか違う…何か違う…これで良いのか？ もしかしたら違うのかも知れない」などと感じる時はあるかも知れませんが、深く考える事もなくそのまま流れていってしまいます。

それは、もしかしたら自分の人生路ではなく、植え付けた人のレールを進んでいるのかも知れま

せん。その基となっている信念に、幼少時に型押しされたマニュアルの様に疑う事もなく、今に至っているのかも知れません。

人は、それぞれ自分の目的と課題を青写真として持っています。それを気づかせる環境があり、同時に自分の素材種も育ててくれます。これからRIASEC診断の6パターンを説明していますので、参照してください。自分を育ててくれる環境です。その選び方が違うと、我慢という硬い檻《おり》に自分を閉じ込め、発芽に至らないまま身動きが取れない困難な状態になりがちです。

RIASEC診断は、心理学者ジョン・L・ホランド氏が提唱した職業選択理論／ホランド理論が元になっています。6つのタイプ（パーソナリティ）は生まれつきや育ってきた環境、関わった人、受けてきた教育、体験してきたモノ、コトによって形成され、興味関心や能力、行動傾向を含みます。

6つのタイプRIASECとは

「現実的（Realistic）」

「研究的（Investigative）」

「芸術的（Artistic）」

「社会的（Social）」

「企業的（Enterprising）」

「慣習的（Conventional）」

の6単語の頭文字から取られています。自分の種を育てる環境として選ぶと、発芽しやすくなり、その環境と周囲の関わる人々が自分を育ててくれます。

6つのタイプの特徴

6つのタイプは4つの要素（データ／アイデア／ヒト／モノ）が基礎になっています。

P34の図のように「データ」と「アイデア」「ヒト」と「モノ」との2軸で見ることができます。「ヒト対モノを扱う業務のどちらに興味がありますか？」といったように、大まかな興味関心の対象を把握することができます。

R)現実的：目に見えるモノで極めたい

物創りを好む(リアルな物で自分を表現したい)。小物から部品などの小さな物創り、都市計画や建築物などの大きな物造りを好む人、さらに、素材を使って何かを創るのを好む人もこのタイプの傾向。
○○職人の様に黙々と作業をして、物作りを極めたい職人タイプ。
例)この物創りにI(研究的)の創造性とA(芸術的)の想像性が加わると(R−I−A)建築アートの世界に携わるケース(サグラダ ファミリアなどの創作建築に興味を示す)。

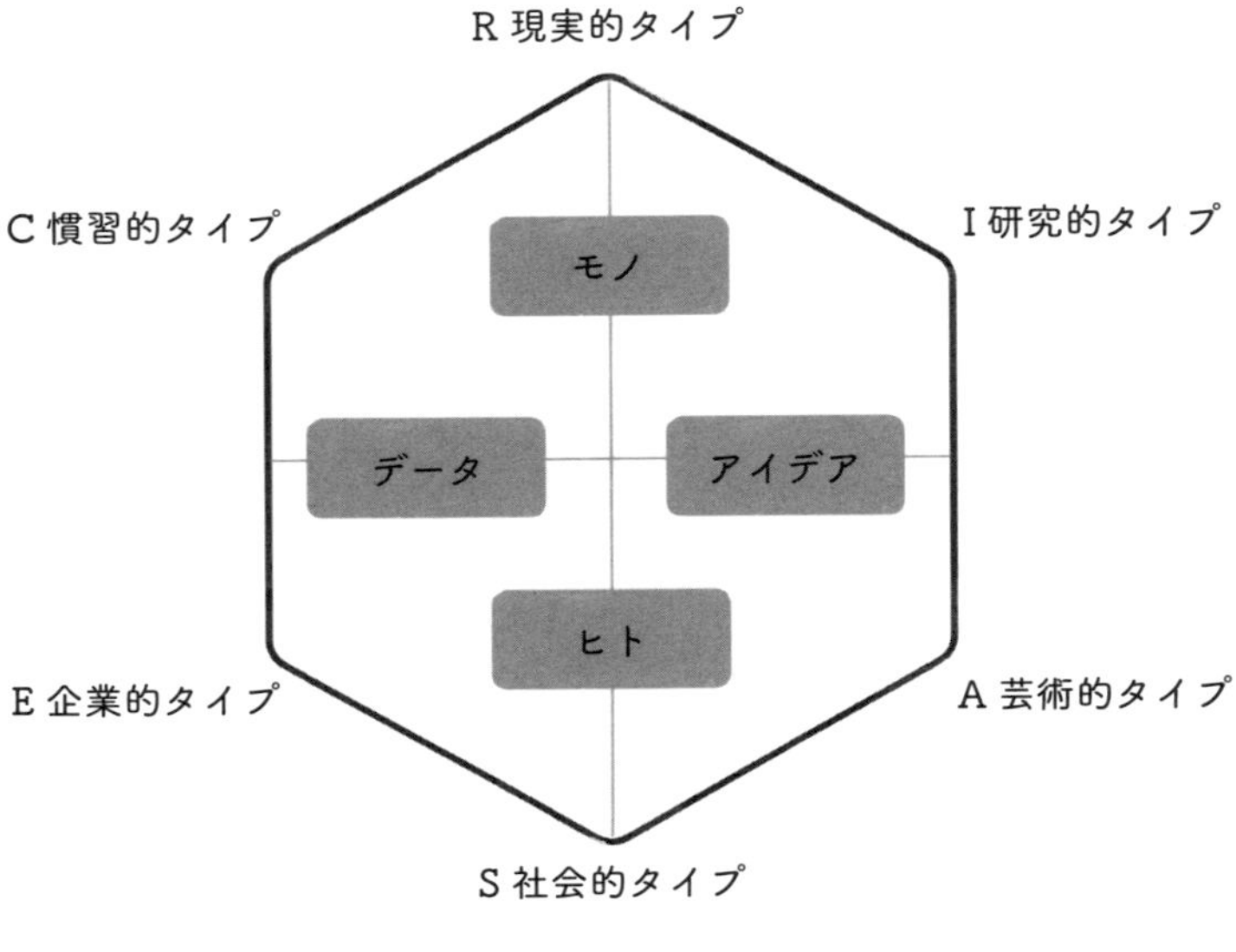

I）研究的：アイデア・企画（前例がないオリジナル、独自性独創性を好む）
創造性クリエイティブ関係を好む（無から有を生み一生を掛けても研究し続ける傾向）。誰かに頼まれなくても、自分で研究テーマを見つけて、納得するまで籠って挑みつづける。哲学・思想の様に、その人の研ぎ澄ました独自性を表現するタイプ。一人で黙々と実行していく。

例）S（社会的）が加わると人の心理や教育・人の為に医療研究するといった見えない分野に興味を抱く傾向。

A）芸術的：アートの世界（絵・詩・音楽といった想像力で自分を表現する事を好む）
言葉では表現できない想像の世界は、六感覚以上の感覚からの閃きや直感を降ろし、五感（視覚・聴覚・触覚・味覚・嗅覚）を通して表現していく。人がまねできない領域を現わす。芸能に惹かれるなど。

例）I（研究的）とA（芸術的）の間はアイデアが豊富。

S）社会的：ソーシャル・人と関わるサポート派（出産時から葬式までの人と関わり医療・教育・介

護などを通して支援したい）ボランティア活動など含む
人に携わるのを好む（人の役に立ちたい）。

人を育てる・人を支援する・人を護るなど、人をテーマに関わっていく。

セラピスト・カウンセラーなど人に癒やしを施す事も好む。

R（現実的）のリアルな形ある世界ではなく、その逆の、形のない人のココロ・感情・命などを重んじる。

例）E（企業的）が加わると、企業の人事や人材派遣業などの職種傾向あり。

E）企業的：データを基に戦略を立てる（データで物事を判断し、極めたい）
企業所属を好む傾向（チームで取り組み目標に挑み・トップを目指す）。

売り上げ目標・達成目標などを設定し、そこに向けて戦略を立てて挑んでいく。

例）R（現実的）の物造りとC（慣習的）が加わると、物造りの企業でトップを目指す傾向。C（慣習的）S（社会的）が加わると保険会社の職種を目指す傾向。

C）慣習的：ルーティンを好む（規律・規則・ルールに従ってマニュアルに添いたい）

規律に沿って判断し、規則に従って行動する。(法律など)独自性ではない。

前例を重んじそれに従って行動し、マニュアル通りに進む事を好む。

マニュアルが必要になる。行政に携り公務員の仕事に向く傾向。

例)E(企業的)とC(慣習的)はデータが判断の基本になり、対極のA(芸術的)とI(研究的)はアイデアが根底になる。


この様にそれぞれのパーソナリティの特徴があり、それを一つの目安として、自分の方向性をみていくと、この先の人生への手がかりが見えてきます。

結果の解釈/分析の仕方

ご興味のある方はこちらの診断を行って自分の種の育つ環境をみてください。
nolly.jp　https://personality-test.nolly.jp › psdia_riasec　RIASEC診断
一番得点が高い項目があなたの特性が活かされるタイプとなります。しかし、人の特性は一つではないため複数の項目と組み合わせていく必要があります。

例えば、上位3つが研究的・社会的・芸術的だった場合は、これらの要素がある職業が合っている事を示しています。

P34の図のグラフが隣接した3つのタイプが多いと一貫性があり、対角線上にくると一貫性がないことを示します。自分の特性と正反対のタイプの業務や職業では特性が発揮しづらく、仕事の楽しさを見出す事ができない傾向があります。

ホランドの6つのタイプのうち、特定タイプの数値が高く、他のタイプの数値が低い状態を分化といい、そのタイプの発達度が高いと云えます。逆にすべてのタイプの数値が高い、または低い事を未分化といい、この場合は経験や学びが足りていない事になるため、様々な体験をしていく必要がある云えます。

私の場合は、I(研究家)タイプが中心で、A(芸術的)・S(社会的)がその後に続きます。総合すると、自分が決めた研究テーマを創造力と想像力で顕わし人様に届けたい、となります。研究テーマは自分が決めますので、それが決まるまでは、多くの辛苦体験も入り時間が掛かります。決まったら迷わず進みますので、その時は人の意見を求めない一見偏屈の様に見えてしまうのは私だけでしょうか。

この6つのパーソナリティは、ツールとしてキャリアコンサルタントが使います。私もキャリアカウンセラーの仕事で初回に使っています。

今まで多くの方にホランド理論を基にカウンセリングを行い、高校の進路相談でも行った経験があります。県立高校のPTAに集まった父母の方々にもこの理論を実際に経験して貰いました。それは、親が決める進路と子供が望む路が違うという事を知って欲しかったからです。

キャリアとは「人生」そのもの

キャリア官僚とかドラマで云っていますが、それはあくまで一部分です。

一般的には職業部分を示し、肩書きなどで判りやすくキャリアがあるとか、ないとかで伝えています。

しかし本来キャリアを積むとは、人生の様々な体験を通して人として熟していく様を示しているのです。よってキャリアは全員にあり、生き方を示します。

意識の勉強を始めてからは、ココロの感情を中心に過去の体験に基づいて考え、さらにキャリアに携わってからは、より深く人生としての〝生き様〟について考えさせられました。

キャリアカウンセラーとしては、様々なクライアントさんの生きてきた路と、これからの生きる路を一緒に考えてきた貴重な時間でした。


個々のキャリアには、その人らしい生き方が含まれます。自分という種を育て、その環境土壌から徐々に幹を太くして根を張らせて自分の花を咲かせ果を実らせます。自分という素材に適した環境でないと、なかなか花果を実らせるところまでは難しくなります。

なぜなら、既経験を否定していると自分の肥やしとして受け入れられないからです。

自分の素材も判らずに、どんな種を持っているのかも判断できないと、自分の仕事として認識する事ができません。仕事は与えられて従うのではなく、自分で見つけるのです。ですから、できる仕事を選ぶのではなく、やりたい仕事を選ぶのです。

ともすると、収入によって仕事を選び、必要な条件(時間・場所)を充たす事が優先されなかなか自分の素材が判らずに種も育たずに、ただ種を持っているだけで職場を転々と変えていく様になります

その職業を通して何をしたいのか？

就職しやすくなるために、どんな資格を取ったら良いですか？　と質問されますが、資格の捉え方が違います。例えば「私は人の命を救いたい」としたら、医師免許が必要になり、また「弱者を救うために弁護をしたい」となれば弁護士の資格が必要です。

しかし資格を取ったからといって、すぐに仕事として成り立ちません。資格とは、その仕事に携わって良いですよ、という許可書の様なモノで、許可を貰ってからがスタートです。

そこから、どこで実務をどの様に積んでいくのか、様々な経験を経て一人前になっていきます。神の手を持つ医師になるには、どこでどれだけの修業を積むのか…になるでしょうし、それはどの職業にも言える事だと思います。その職業を通して何をしたいのか？　が重要なのです。

すべては、資格ありきではなく、その資格を取得してからどこまで熟知したのか…それがその方の生き様としてキャリアを積む事になっていきます。

就職する際は、その内容経緯を履歴書にアピールとして書きます。

どんな仕事もスペシャリストになる努力が問われます。以前空港内のお掃除をされる方の特集を放送していました。どんな汚れも工夫して落ちない汚れはほぼないそうです。

その方は、新人の教育係に抜擢されたとの事でした。

どんな仕事も自分の仕事として受け止め、精一杯行っているその姿に人は感動し心に響き、次の段階を用意してくれるのです。

今後は誰でもできる仕事はＡＩに変わっていきます。いかに自分の仕事として誇りを持って〝自分を育てていく〟と意識を持てるかが問われていくと思います。

その姿こそが生きる姿勢であり、その方のキャリアです。

身体が行う仕事は、その人の魂の意を現わしていて、やり方・考え方や方法を通して表現されています。魂は見えない存在ですが、その存在は仕事を含めた生き様として外に現れていて、その姿を見れば一目瞭然です。

しかし魂の意向と、実行している仕事の内容や生き方が不一致の場合、そこにギャップとして歪みが生まれ、その歪みを調整するために、生命エネルギーが消費されます。

要はつじつまを合わせるために、自分に言い訳をし続けます。

エネルギーの放電と充電

エネルギーの放電は様々なところで使われ、自分への言い訳にも使います。使いたいエネルギーが足りないと、身体の部品の修復が間に合わずに、身体の故障が目立ってきます。匂いが判らなくなったり、味覚が判らなくなったり、しびれや痛みで思う様に身体が動かなくなったりします。また、いつもなにげに通っているバスや電車の景色が突然変わって見えるなど、気力にも顕われます。

そうなってしまったら元に戻すのにどれだけの時間と労力が必要になるかは、経験者でないと判らないかも知れません。充電できずにいると、もう元には戻らないかも知れないのです。私も12年間、匂いが判らなくなり苦しんだ経験があります。

人生のハンドルを握っているのは誰か

自分の人生の主人公はあくまでも、自分であって他の誰でもありません。その自覚と責任を芯に持って生涯を進む事ができたなら、きっと後悔のない人生を全うするでしょう。

しかし、自分の人生〝こんなはずではなかった〟と後悔したなら、その悔いのつじつまを合わせるために費やす時間とエネルギーは大きいのです。

そして、それは否定的な感情として毒素へと変化し、その毒素は血管に運ばれ各臓器を廻り細胞にまで送られていきます。

その悔いの背景に、人生を間違えたのは誰のせいだ！　と犯人捜しをして責任を誰かに転嫁してしまうと、その先は螺旋階段を降りる様に終わらないループに入ってしまいます。

制約だらけの女性の人生

女性の場合は特に、人生において様々な制約がある様に思います。以下は、私がキャリアカウンセラーとして目にしてきた事からの実感です。

あくまで一般的な話ですが、女性は結婚前までは両親に従い、結婚してからは夫や舅・姑に従い、老いては子供に従って行くものだと、長く言われてきました。

結婚後も働く場合には制約があり、主に通勤距離や時間帯で選ぶので、希望する職種は後回しになり、短期バイトしては辞めるという繰り返しが多くなります。

そうすると、その後に応募する会社の印象も悪くなり、なかなか採用には至らず、希望とはかけ離れ最終的には、雇ってくれるならどこでも良い感覚になって気持ちが落ちていきます。

就職先を探す場合、採用担当者の多くは男性なので女性の複雑な立場などは理解して貰えずに、雇う側はあくまで仕事としての生産性と即戦力を求めるため、それに該当しない場合は採用には至りません。
※就職しやすくするために、資格取得に挑戦しても、実務経験が必要になるので資格だけではなかなか採用側の優先順位には至らず、むしろ実務経験の方が優先されるケースがあります。

子育ても一段落して、ホッとする間もなく両親達の介護も始まり看取りなどを含めると役目とはいえ、時間とエネルギー消費は半端なくアッという間に時が過ぎ去ります。「はじめに」の冒頭で書きました「10年の空白を返してほしい」と言われた女性の実感でしょう。

子育ての時は自分も若く勢いがありますが、介護や看取りは年齢的にも立場的にも負担が重いのです。重圧が大きいと、うつ病などを発症する場合もあります。

子育て、介護を終えた後にやってくる感情

私の場合も産前産後合わせても3ヶ月間の休暇しか取れませんでした。大きなお腹を抱えて電車通勤した事を思い出します。産後間もなく仕事復帰せざるを得ませんでしたので、母乳もあげられずに溜まると痛くてトイレで絞って流していたものです。

この様に昔は女性の仕事に対する待遇が今とは雲泥の差でした。

50代で親の介護のための引っ越しと、同時期に職種を変えキャリアカウンセラーの勉強を始め国家試験にも挑み、実務を積みながらの親の看取りなどから、その大変さは身をもって経験しました。

そして大変さを乗り越えた後に、やって来るのが様々な感情です。そこに至るまでに犠牲にして来た周囲への申し訳なさもあり、空虚感や自責の念など、様々な感情に苛まれます。

それがキッカケとなり別居や熟年離婚などを考えてしまうケースもある様です。

体験した当事者でないと、なかなか判って貰えない複雑な心境です。

多くの男性が担う社会的役割や責任とは違い、女性の場合は社会的地位や金銭の有無とは別に、周囲へのココロ配りやまとめ役を担うケースを多く感じます。

若い時は、若いというだけで周りも協力してくれますが、40代後半以上にもなれば周囲はかなりシビアに対応しますので、重い荷物を背負いつつ役割を担っていかなければなりません。

第2の人生の羅針盤を創る

人生100年時代と言われ既に数年経っています。その中で特に50才以上の方にあえて問いたいのは、60代以上になってどの様な人生を進んで行くのか？ という事です。

目標を定めないいまま時を過ごしますと、ただ終わりに向かって時が流れてしまいます。

よく定年退職した後は、昼カラオケや旅行や好きな事をして余暇を過ごすと聞きます。果たしてそれだけで良いのでしょうか。

人生100年、60才からですと40年間の時間があります。20歳前後から社会人として40年間様々な体験を積まれて60歳になります。60歳ここからが本番です。前の40年間の体験した中で自分の種を見つけましょう。
以下が要点です。

生きてきた意味を解く…過去の体験には種が潜んでいます。
その体験を咀嚼し、要約すると浮かび上がって来るものが種です。
生きている価値を識《し》る…自分の価値は、自分が想像している以上の価値です。
それは私達の聖域のハートには意識体としての神が内在しているからです。その神を自覚し神と共に、自分の役目・使命を全うする、その自覚こそ価値となります。
生きていく路を創る……自分を知る事こそ、役目・使命に気づける、それを指標に羅針盤を設定すると、この羅針盤は、ナビとして人生航路を照らす光明となり道案内となります。

私の場合は、30年間の仕事体験を一旦終了し、その後のキャリアカウンセラーが私にとっての一つの種でした。そしてそれまでの30年間の中から3つの種を見出し、合わせて4つの種を掛け合わせ美妙《みみょう》というオリジナル品種を創りました。

この様に自分の花果の種は現在に至るまでの中に潜んでいます。

その種を見つけて、それをどうしたいのか？　どの土壌に植えるのかを吟味し模索しながら進めていきます。将来に向けてどんな花果になるのかが楽しみですね。


50代は、60歳からの第2の人生を見込んで計画を立て始める年代です。

もちろん、目安なので40代からでも60代からでも大丈夫です。あくまで一つの目安です。

60歳からの、自分の人生設計をどの様に進んでいくのか、まず10年計画を立てます。

①　現時点を何かに喩えてイメージする
②　現時点から観る10年後をイメージする
③　理想的な10年後をイメージするする
④　理想の10年後から今を観る
⑤　①の今と③の理想的な10年後から観た今の違いを見る

今から10年後は今の延長線上にある未来に過ぎません。しかし理想の10年後から観た今は世界線が変わります。すると、今の生き方が変わるのです。今の時間とお金の配分が変わり、人間関係が変わっていきます。これが大きな人生観の違いです。

意識の変化とは

例えば10年後も現役でいたいなら、今からカラダのメンテナンスを真剣にしていくと意識します。今以上に計画を立てて行うと決心します。するとメンテナンス方法を検討し意識をそこに向けます。

運動は、今の体力で何ができるか?

食事法やサプリメントを含む口から入る栄養はどうするのか?

そうなると優先順位が決まり、そこにお金と時間を配分します。残った分で余暇を楽しみます。

この様に同じ時間とお金の使い方を、なにげに過ごしている現状から、将来の自分に向けてシフトすると、そこに充実感が生まれ気が満ちてきて、さらに芯軸がしっかりします。

違った角度から違った世界線を観ると今の生き方が違ってきます。

誰のための人生なのか？

何のための人生で、何をやろうとしていたのか？

子供や配偶者、自分の両親や義理の両親のために愛を注ぎ生きて、全うした充実感があったなら、それは何の悔いも残らず素晴らしい人生でしょう。

悔いを残さない事が大事なので、来世はきっと安穏に暮らせるところに生を授かるでしょう。

しかし、もし自分の人生を生き抜いていないと感じる方は、ぜひ本書の内容に添って自分の人生を再度見直し再構築していきませんか…。

そして、自分という唯一無二の存在を今一度認識してみましょう。

その一つが、仕事に携わりながら自分を熟させていく事です。

仕事とは、金銭の有無には関係なく「事に仕える」という意味です。

では、仕事の視点から紐解いていきましょう。


仕事とは…何かに仕える事で、何に仕えるのかは人によって異なります。本来は自分の魂にカラダが仕え、その魂が望む事をカラダが実行していき、その体験を通して己を熟成させる事が目的となります。

魂は意識体なので、カラダの器がないと実践・実行できずに経験できません。

その経験は成功も失敗も挫折もあります。何事も紆余曲折があり、成功例も失敗例も両方共に体験していきます。

そして、その結果の良し悪しも全部経験として捉え、それらを時間掛けてゆっくり熟成させた後にでき上がってくるのが、その方の酵素になります。

その酵素は様々な働きがあり、消化酵素や触媒作用もあり様々な場面で本人を支える役目となります。その役目を熟していくと、それらが自信となりその自信が軸となります。その軸こそ芯が通った生きる姿勢となって表に現れます。

その生きる姿勢は揺るがないもので、人生という海原の航路を示す羅針盤となっていきます。

〝自ら進む〟姿勢が人生航路になり羅針盤となるのです。

〝真味只是淡〟

一流料理人の言葉を借りるなら、一つひとつの素材を吟味し、その風味を活かす調理法、まさに私達一人ひとりの素材を活かす考え方です。

それは素材を知りその素材を活かす調理法です。その調理法こそ、自分で習得する必要があります。

自分という素材を活かしたいのなら、人に味付けや加工を任せてはならないのです。

他者は個々の持っている素材の隠れた味も良さも活かし方も調理法も判らないのです。

この調理法とは「魂の仕事」の内容です。

自分の事は自分で理解して、それを伝える手間が必要になります。それは、自分を大切に活かすための自分自身の取扱説明書です。まずは、自分の良さと特徴を理解して、人生に挑みましょう。

2章

生体バランスの回復

自然療法フィジカルセラピストからのメッセージ
～カラダには身体を創る物質の栄養素と
身体の機能を整える非物質エネルギー両面が必要です～

意識体の魂は
自らの周波数を上げるために3次元の身体に入り、
身体として様々な課題を乗り越え経験を重ねます。

魂の入れ物である身体は実行部隊で、
その関係は魂が騎手で身体はそれに従います。
それが理想です。

注）カラダは物質の身体と非物質エネルギー体の両面を含めた総称としています。

（一）身体として観る

細胞は水の中に浸っている

体内の細胞達は水分の中に浮いています。厳密にいうと、ただの水ではなく原始の海水の様な水です。海は生命を育み身体の水は細胞を生かします。細胞に必要な栄養を届ける時にも、細胞内外での交換も老廃物を回収する時もすべて水分を介して行われます。
私達の身体は、約体重の２／３が水分です。それは地球の陸と海のバランスと同じです。そのバランスが崩れてしまうと、地球という生命体も、私達の身体も水分バランスが崩れてしまい、生命危機に陥ります。

喉が渇くと、なにげに摂っている水ですが、口から入った水は身体を巡って体内内部を洗い、老廃物を回収し尿や汗・便として体外に排泄してくれます。さらに必要な栄養素を送り届ける大切な役目も担っています。さらに身体の維持管理をするため、水分調整が必要になります。

水の出し入れは、生きている私達にとって大切です。身体に取り込む水も、尿・汗・便・呼気で出て行く水蒸気もしかり、すべて水を介して出し入れをしていて、その出し入れが止まってしまう時は死を迎えます。水の大切さを判って戴いた上で、水分の内容についてお話します。

問題は、私達はどんな水分を摂っているのか？という事です。

身体にとって必要なのはきれいな水です。先ほども触れましたが、身体の細胞達は水分の中に浮いています。まずは、今飲んでいる水分を見直しましょう。

香りや味が付いている飲み物を常時好み、昼間はコーヒー・紅茶、夕方からはアルコール類と、なかなか水そのものを接る機会が少ないのではないでしょうか。意識しないと水そのモノを摂ることは難しいのです。

日々のストレスで脳が疲れてくると糖分やカフェインを欲し、甘い飲み物やアルコールを欲します。コーヒーを水代わりに飲まれている方もいますし、ビールもしかりです。

ビールを美味しく飲みたいから、他の水分は控えている…という人もいると聴きました。

それらが日々困《こう》じてくると、コーヒーやアルコール依存症になり、生活に支障が出始め、さらには口毒症状に及んでいきます。

この様に、脳からの要求と身体が要求するモノは異なります。脳の疲労には糖分を、身体の疲労には塩分(ミネラル)を欲しがります。私達の細胞は日々の飲食によって再構築され健康を賄っています。その再構築する時に必要な水分は、きれいな水です。もう一度ご自分の飲と食の事、自分の身体の事を見直してみましょう。

身体の水(ミネラル含む)をきれいにする自然療法タラソテラピーについては後述します。

栄養バランスから観る

私達は、空腹を満たすために様々なモノを食べています。お腹が空けば、充たすための調理されたモノを買って食し、また好きな食材で料理をして食べます。同時に食はココロも充たし、それによって癒やされるという大事な付加価値があります。

ここで伝えたい事は、飲食は単なる空腹や食の欲求を満たすだけではないという事です。私達の身体はすべて細胞の集合体です。

身体を維持するには、細胞を入れ替えるための栄養素材が必要です。

例えば、抜け毛を改善したいとします。髪の毛を造る素材が足りていなければ髪の毛は造られないし、髪の毛を造る素材を毛母細胞に送り届けなければなりません。皮膚も臓器もしかりです。

素材とは栄養素の事です。その栄養素は口から飲と食を通して入り消化管で消化吸収され、血液に運搬され各細胞に運ばれます。いらなくなった廃棄物を受け取り、体外に排出させます。血液とリンパ液が栄養運搬係と処理係として全身の細胞を隈無く循環しています。すごいシステムです。


しかし、何らかに気を取られ忙しい毎日を送ってしまうと、ついつい簡単な食べ物で済ませてしまいがちです。それはそれで改めなければなりませんが、それにも増して、**問題はそこに精神面が関係している**という事です。

札幌医科大学當瀬規嗣教授「新・真健康論」2015年9月毎日新聞にもこの様な言葉が掲載されています。

「生命を維持するために、日々細胞分裂を繰り返し新旧交代に必要な栄養素を送り込み、骨と歯の一部を除き新しい細胞の入れ替えを行っています。」

感情と視床下部「免疫力・自律神経・内分泌」

脳内にある視床下部は生体の恒常性と云われる身体内部を一定に保つ働きをしています。それは主に自律神経系・内分泌系・免疫系の3つのバランスを調整する重要な働きをしています。
※**否定的感情**は視床下部に歪みとして影響し、全身のバランスを崩していきます。
私達の身体は細胞に至るまでネットワークでできていると云われ、そのシステムに否定的な感情はストレスとなって伝わります。それが基となって、免疫力の異常や自律神経バランスを崩し、さらにホルモン分泌を乱して身体を正常に保てなくなります。身体の恒常性システムに異常が起こると、生命維持に支障を起こします。過不足のないバランスが大切です。

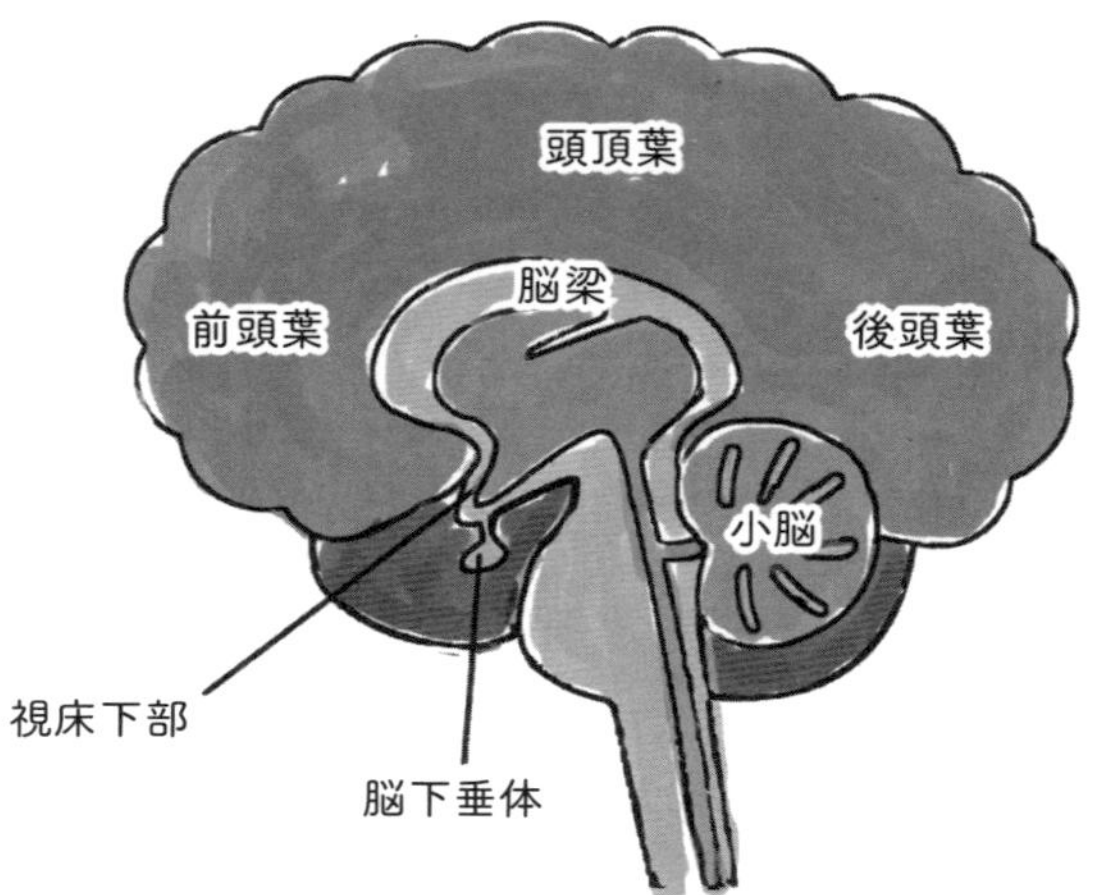

身体を正常に保つ働きを、生体の恒常性〝ホメオスタシス〟と呼んでいます。

免疫力

身体全体のセキュリティーを担っています。弱まるとウイルスなど外部からの侵入で生命維持が困難になります。また免疫異常になると自分の内部を自ら攻撃する難病やアレルギーの症状に現れやすくなります。

自律神経

交感・副交感と2種あり、脳から脊柱の重要な部分へ、さらに脊柱から全身の血管と共に隈無く入り緊張や弛緩などを調整しています。この2つのバランスが崩れ、緊張や弛緩状態が続くと細胞再生や睡眠などにも問題が起こり老化にも繋がります。

内分泌（ホルモン）

身体の機能調整を担っていて、一生のうちに出るホルモンは極少でも、その影響力は計り知れません。ホルモンの種類は全部で50以上あると言われて、全身を網羅し調整し、生命維持には欠かせないのです。これらのホルモン原料は、飲食からの栄養で創られますので、無理なダイエットなどが原因で生理が止まってしまったという話は、よく聞きます。

免疫力・自律神経・内分泌の3つは、感情とも密接に関連し、喜びの感情は免疫力を高め、自律神経を整えホルモン分泌を正常に促し、若くきれいにさせてくれます。

逆に、否定的感情は精神的ストレスとなって、3つのバランスを崩し様々な症状を引き起こしていきます。喉部にある甲状腺の分泌異常や膵臓の糖尿病など、またアトピー性皮膚炎、高血圧など、その影響は全身に及び計り知れません。

(二)非物質として観る

身体と非物質を繋ぐシステム

これから34年前にフランスの自然療法士より間接的にいただいた貴重な資料を基に私の説明を少し加え記していきます。

ストレスの影響が、エネルギーセンター（チャクラ）にどの様に影響して、カラダ全体（ホルモン分泌・自律神経バランス・免疫システム）の生体バランスを崩して、生命維持が困難になっていくメカニズムです。その流れを図で説明しますので、ここから図と照らし合わせながら読み進めると判りやすいです。

Ⅰ 刺激（内因・外因）喜怒哀楽と欲望

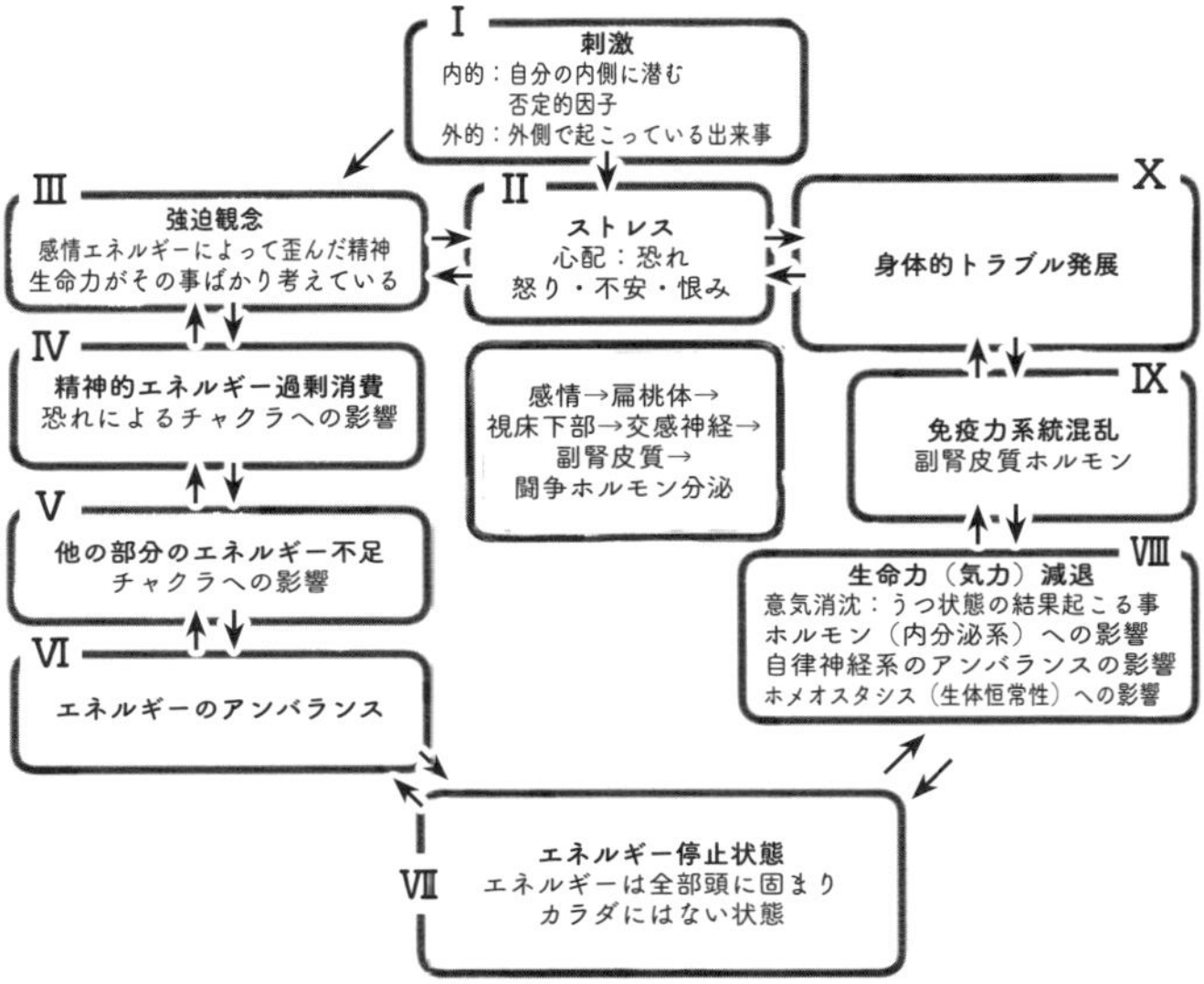

欲求や欲望が因子となって、喜怒哀楽が生まれ、さらにその感情が基となって周囲にある同じ要因(否定的含む)や出来事を磁石の様に自分に引き寄せてくる。**周囲から集める情報で既にある感情が揺さぶられ、それを刺激と感じる。**

Ⅱ　刺激をストレスと感じる（心配や恐れの感情）

刺激からストレスに感じる度合いは人それぞれで、無意識内の否定的感情の度合いに比例する。例えば、無意識内にある否定的感情が100レベルとすると、外からの否定的感情も100レベル集め、50レベルなら50レベル集め、それをストレスとして感じる。

Ⅲ　ストレスが強迫観念になる：いつもその事ばかり考えている

否定的感情によって、歪んだ精神。同じ人の事や同じ出来事から生じた嫌な思いを再現し続け、その人さえ居なければ、あの出来事さえなければといつも同じ思いを繰返す。**ストレス問題は、自分以外の外側にあると考え、**その人やその場から逃げようか？　あるいは戦うか？　などを常々考えている。※ストレスは受けとめる側に問題がある事に気づいていない。

Ⅳ 精神的エネルギーの過剰消費：エーテル体に影響する

Ⅲの強迫観念は恐れとして精神的エネルギーを過剰に消費する。

身体に重なっているエネルギーセンターは、精神エネルギーによってバランスが保たれている。

しかし、精神エネルギーの過剰消費は身体内外を繋ぐ、すべてのチャクラに影響し生命エネルギーを消費していく。※私達は生体電位というエネルギーで動いています。

Ⅴ 他の部分のエネルギー不足：さらにチャクラに影響する

身体の弱い臓器からバランスが崩れていく。例えば、いつも胃酸が上がって来る状態で、常に薬剤を服用していると、消化管全体が弱っていく。場所はチャクラの3番で太陽神経叢の周辺になる。

Ⅵ エネルギーのアンバランス：エネルギーの循環が途絶える

宇宙エネルギーと地軸エネルギーに繋がれずに孤立状態になる。身体は、外からのエネルギーを受け取ってエネルギー体として存在している。いわゆる外のエネルギーをカラダ全体で外呼吸の様に取り入れている。その外呼吸からエネルギーがカラダに取入れなくなると、カラダのエネルギー循環できずに、身体のみで賄う事になって枯渇してくる。

Ⅶ エネルギー停止状態：カラダのエネルギーが枯渇状態

カラダのエネルギー循環もできずに、頭に気が滞り、頭で考えている事と、カラダの行動が伴わずに、例えば糸の切れた凧の様にバランスを失い、同じところをクルクル回ってやがて落下してしまう状態。

Ⅷ 生命力（気力）減退

意気消失・うつ状態の結果、**生体恒常性（生体バランス）に影響。**
ホルモン系統に影響（闘争ホルモン：アドレナリン・ノルアドレナリン・ドーパミンの質と量）、

自律神経(交感神経・副交感神経)の不調和が起こる。

Ⅸ 免疫力（セキュリティーシステム）系統混乱

副腎皮質(耐ストレスホルモン)ホルモン減少。多くの病気にステロイドホルモン入り軟膏や錠剤・点滴が使われるのは、このためになる。免疫力が低下すると、内外の刺激に敏感に反応し、身体の各部に炎症や原因が判らない症状として顕れる。

カラダの混乱が起こる。

Ⅹ 身体的トラブルへ発展

これまでの過程を踏んで、病名が付く。

この様に病気の基となるストレスを受け取って溜めないためには、自分の**無意識内の否定的感情をクリアにしていく努力が必要**です。外に在る否定的要因に反応せず自分の中に取入れないために、ストレスを受け止めない器が必要になります。

次章の3章では「ココロの十界」について話します。自分のココロの中がどの界層にあるかで同じ界層の要因を無意識に集めてくるからです。

その界層でストレスを重ねてしまうと、最終的に病としての結果に顕れ生きる気力も失われてしまいます。よって、精神性を高める意識が必要になります。


Ⅰ～Ⅹは原因となるストレスが病気という結果に流れていく過程です。

Ⅹ～Ⅱは結果が更なる原因となって悪循環して行く過程です。

すべては、一方通行ではなく循環しています。


長期間ストレスを受けると、カラダに歪《ひず》みとして現れ、その歪みはカラダのエネルギーシステムに影響しカラダ全体のバランスを崩します。

この様に私達のカラダは、物体であると同時にエネルギー体として存在しています。

身体とエネルギー体の両面が機能していないと生命は維持できないのです。
※WHO(世界保健機関)では、健康とは「身体的・精神的・社会的に完全に良好な状態であり、単

に疾病のない状態や病弱でない事ではない」と定義されています
ともすると、カラダを身体として扱い、外側に意識を向け着飾り、肌を磨き体型を整え、美味しい物を食し、ステイタスとして誇れる何かを得て人生を過ごす方が多いと思います。
しかし、それはあくまで身体としての器の部分であり、変化している物体としての身体にお金と時間を費やしているだけです。身体の主《あるじ》は魂です。魂は意識体としてカラダを動かしている存在です。
意識体としての魂は宇宙と繋がり、地軸と繋がり一体となってそれぞれのエネルギーや情報を得てカラダのバランスを整えています。その事を念頭に置いて、魂と繋がるための時間と努力が必要になります。

カラダを維持するための不可欠な非物質エネルギー

本来カラダは現実を体験するために授かった身体です。その身体を維持するために、一つは身体を動かす飲食でガソリンとしての栄養を補給し、細胞の新旧交代をするため身体に取り入れます。

もう一つは、エネルギー体の調整として、宇宙と地球からのエネルギーを受け取ります。食と宇宙・地球、この3つのエネルギーはカラダを維持するためには欠かせない生命力に直結しています。どれかが欠けてしまっても生命維持が難しくなってしまいます。

この外部からのエネルギー交換は意識を通して行われ、意識体の魂の存在は欠かせません。そして松果体を通ってチューニングします。

テレビもラジオも受信する装置を設置してチューニングし、音や画像で確認ができます。同じ様にカラダにもチューニング装置がないと通過してしまいます。脳の中枢周辺の第6チャクラはそのチューニング装置です(チャクラについては後述)。

この様にカラダを維持するためには物質面と非物質面の両方が必要なのです。

魂は意識体として宇宙と繋がり、その魂とカラダを繋ぐもう一人の分離されている自分、それは高自我として存在しています。高自我は身体自我を導き諭し、魂の周波数を高める役目があります。

この続きは4章「意識について」で話します。

よって、カラダを維持するのに必要な3つのエネルギーは、一つ目は物質の栄養素を口や皮膚から吸収する。2つ目は意識体として宇宙に周波数を合わせチューニングする。そして3つ目は地球から地軸エネルギーを充電する。それにはチャクラセンターを正常に動かす事。そのためにはストレスの基となる否定的感情をクリアにする事が必要になります。

チャクラは7つのエネルギーセンター

ここでは主要なカラダの7つのエネルギーセンター（7チャクラ）について触れていきます。各チャクラはホルモンを分泌している箇所と深く関わり、その影響は身体全身を整える役割もあります。

カラダを巡っている生体電位は、地球エネルギーや宇宙エネルギーからエネルギー調整を受け森羅万象ともエネルギー交換し、生体のエネルギー調整をしているのです。

ここからは、身体に重なっているチャクラについて簡単に説明します。

①【第1チャクラ】　ルート チャクラ（会陰部周辺）

安定・安全、グランディング
②【第2チャクラ】サクラル チャクラ（丹田）
創造性　情熱　決断力　物質の喜び（女性は子宮をイメージ）
③【第3チャクラ】ソーラプレキサス チャクラ（みぞおち）
自己への肯定感　自信　自分確立　自尊の心　個人的な力　自己表現
④【第4チャクラ】ハート チャクラ（胸部）
愛情表現▼肉体と精神の統合場所
⑤【第5チャクラ】スロート チャクラ（喉部）
表現する（自分の思いを伝える）・コミュニケーション（自分自身・他者）
⑥【第6チャクラ】サード アイ（眉間）
直感力（内なる直感）洞察力

⑦【第7チャクラ】 クラウンチャクラ
霊的繋がり 知性▼人生の目的への探求 悟り 使命に生きる
チャクラは、肉体としての身体と見えない意識体と宇宙と地球を繋ぐ存在で、身体に重なった非物質的な存在です。身体を包んでいて森羅万象にも繋がっています。
私達のカラダにはいわゆる生体電位と言われる微弱な電気が通っていて、エネルギー体としての生命を維持しています。心臓や脳も検査をする時にカラダに微弱電流を流し波形をチェックします。万が一心臓が停まってしまうと、電気ショックを与え再生を図ります。

充電のための2つのコンセント

その様にカラダはエネルギー体として存在し、そのエネルギーが枯渇するとカラダが動かなくなり、ゼンマイが切れたロボットの様にエネルギー充電を求め、コンセントを探します。そのコンセントは大きく二つあり、一つは地球でありもう一つは宇宙です。

地球コンセントには、会陰のルートチャクラから地球エネルギーを戴き、もう一つの宇宙コンセントには、頭頂部のクラウンチャクラから宇宙エネルギーをいただきます。
この2つの電源からエネルギーが入ってこないとカラダのエネルギーは消費されるだけで充電できず、電池切れで動かなくなります。

スマホで喩えれば、充電できないと受発信ができず、ただの機械になります。現代でスマホがないと大変な事になりますよね。カラダも同じくただの器としての物体になります。
頭頂部からも会陰からもエネルギーが充電できなくても、誰も騒ぎません。カラダは悲鳴をあげているのに、誰も気づかないのです。**そして単なる病気として処理する**だけです。エネルギーの充電が必要なのに、人が創った**ケミカルな薬を投与**します。

この矛盾をどう考えますでしょうか？　**薬が効かないと治らない病気として処理**されます。その結果、もがくか諦めるのかの選択になるのです。

このエネルギー体の修復には自然回帰が必要です。それが自然療法です。

column

自然療法のはなし

〝人は人が創ったモノで病んでいく〟
カラダは身体とエネルギー体とに分かれ、身体のバランスは飲食によって補給され、エネルギー体は自然回帰によってバランスを取り戻します。その自然回帰が自然療法になります
自然療法は、カラダのシステムバランスを整え生体リズムの恒常性(ホメオスタシス)に働き掛けます。自律神経や内分泌(ホルモン)と免疫などのシステムバランスを整えます。また自然療法毎にメソッドが違いますので、ここでは、タラソテラピー（海洋療法)とアーユルヴェーダ(伝承医学)について要点のみを話します。

海洋源法タラソテラピー

タラソテラピーには海水・海藻・海泥を用いる方法があり、浄化作用・再生作用・活性作用で体内に働き掛けミネラルバランスを整えます。

味噌汁やお蕎麦やラーメンなどの汁物を欲する時、在りませんか？

それは、身体が疲労している時に多く、肉体疲労やお酒を飲んだ後や翌日に汁物が美味しく感じます。塩分はミネラルの一つで身体機能には欠かせない成分です。汗や尿などで排泄されると身体は要求します。しかし過剰に取るとそれを処理するために身体に負担が掛かりますので、**ミネラルはバランスが大切です。**


潮の干満の差が激しい英仏海峡のブルターニュ地方には、昔から伝わる自然療法のタラソテラピーがあります。

それは海の療法といわれ、社会生活に疲れた方々や、西洋医学では治らない症状を抱えている方々、またスポーツ選手や政治家の疲労回復といった、心身のコンディションを整えるためのセンターが点在します。体内ミネラルの過不足を整え、自然治癒力を促す療養として広く知られています。多くは滞在しエネルギー体としての充電をしながらココロとカラダのバランスを回復し癒やすのが目的です。

私達の身体は、水分量が大切になりますが、さらにはその質が問われます。

体内の水分にはミネラルバランスがあり、細胞に届ける栄養も老廃物を出す作用にもミネラルが必要になります。しかし、日々使われるミネラルはバランスが崩れ、その崩れと共に身体は体調不良を訴えます。過剰に摂るミネラルと、減る一方のミネラルのバランスが崩れるからです。

タラソテラピーの基本は海水ですが、さらに海藻療法と海泥療法があります。

海藻は直接細胞に働き掛けて、種類によって浄化・再生・活性と作用が分かれます。

海泥は主に浄化修復作用です。疲れた筋肉や痛みをやわらげ、脊柱に施すと自律神経のバランスを整えます。

この様に海水は体液に、海藻は37兆個以上ある細胞に、海泥は浄化作用にそれぞれ働き掛けます。すべては伝えきれませんが、海の恩恵は計り知れません。海水は宇宙水であると同時に羊水であり、海は魚や海藻を育て羊水は胎児を育てるのです。

セルフでできるアドバイス

カラダの回復にはミネラルバランスが必要です。自分でできる方法として、3つ紹介します。
① 料理に使う塩を海水100%の海塩を選ぶ。口から入れるタラソケアです。

一般の精製塩は塩化Ｎａ⁺ナトリウムＣｌ⁻ですので、海水を天日や煮詰めた塩をお勧めです。
②きれいな海水のある浜辺に出向き、深呼吸をしてカラダにエネルギーを取り込む。
呼吸から入ってくる海水の水蒸気はミネラルを含んでいて、肺呼吸から血液に入り全身を巡ります。水分を多めに摂ってアルコールは控えてください。

きれいな海水が傍にある温泉は、タラソの恩恵も受けられますので探してみてください。

また、裸足で砂の上を歩きますと、足底からの刺激と砂での浄化が得られます。
③自宅での入浴時に海水の素やニガリを入れ、羊水風呂を再現します。ゆっくり13分位浸ると浸透圧でミネラルバランスが整いリラックスします。ご興味のある方は調べてみてください。
この3つは季節や気温にある程度関係なくできるタラソテラピーセルフケアです。

伝承医学アーユルヴェーダ

アーユルヴェーダは古くから知られている医療の一つです。起源は3000年前余りと歴史資料に記されている様です。

健康は3つのエネルギー「トリドーシャ」の調和とバランスで成り立っていて、またこのエネルギーバランスが崩れると病気を引き起こすと考えられています。

column

トリドーシャ（3つエネルギー）

私達の質(ドーシャ)は3つ、風と火と水があります。

それがヴァータ(風)ピッタ(火)カパ(水)です。

この3つは一人ひとりのカラダの中に入っていますが、その人によって強弱があります。この3つのエネルギーがバランス良ければカラダは健やかです。

カラダの健康を〝美味しいご飯を炊く〟に喩えると、水と火と酸素の加減が大事です。そのバランスが良ければ、美味しいご飯が炊けます。カラダの健康の仕組みです。

火のエネルギー（ピッタ）

体内の熱の発生・消化・代謝・知性を司っています。

主にピッタ体質の人は一般的に食欲旺盛でカラダは温かいです。

火のエネルギーはカラダの消化器を司り、肝臓・胆嚢・脾臓・胃・膵臓・十二指腸などの食物の消化を助けカラダの栄養の基を創ってくれます。しかし、過ぎると身体のアチコチに炎症や爛《ただ》れが現れ病の素になります。何事にも冷静が鍵です。

風のエネルギー（ヴァータ）

ヴァータは風と空で精神的です。循環・神経系に対応し、呼吸と排泄を司り、特質は乾燥・軽い・粗い・速い動きです。鼻から肺にかけて神経系をコントロールします。

ヴァータが過剰になると水気が失せ、脱水・老化現象・乾燥肌・皮膚トラブル・傷の治りが遅いなどに現れ、不足すると循環が悪くなります。60才以上は誰もが抱えるテーマで、肺が原因で亡くなるのもこの所以です。リラックスが鍵です。

水のエネルギー（カパ）

体内の、水の機能を司り、免疫システムを維持しています。水の優性は、肥りやすく痩せにくい。

column

ゆったりとした性格で、どっしりしている感じ。消費するより溜めるタイプ。寛容・寛大・穏やか。情報収集は遅く物質主義です。水はけが鍵です。

この火・風・水のエネルギーは、一つのバランスが崩れると、2つ3つと崩れていき、3つが〝プロコッパ〟といって上がってくると、神経系・免疫系システムに影響し、ホルモンバランスまで影響してカラダ全体の至るところに支障が出てきます。

そうならないためにも、できるところから整え始めましょう。

アーユルヴェーダセンターでは薬草風呂や薬草サウナ・マッサージなどでカラダに溜まった毒素の排泄を促す施術をします。シロダーラと言って額に温かい薬油を垂らし頭部マッサージで脳の疲れと毒素を排泄し神経をリラックスさせるケアもあります。

タラソテラピーセンターも同じですが、滞在して自分の心と身体に向き合ってメンテナンスを施す事は人生の中でとても大切な時間です。これを怠ると細胞は生きる力を失い、ココロは気力を失い、エネルギーが枯れていきます。

枯れた根は水を与えても吸い取ってくれません。カラダも同じで枯れてからでは、術がありません。

セルフでできるアドバイス

風タイプの方は、焦らない事、頭と身体が一致しないと怪我の原因になります。

何事もゆっくり・ゆったりを心がけましょう。

水タイプの方は、身体を動かす事を心がけ、冷えるので身体を温かめる飲食と運動で循環を促しましょう。

火タイプの方は、焦りや忙しさは禁物、判断を誤ります。すべて時間にゆとりを持って考え行動する。身体を焦がす基の飲食を控える事。

（参考書　シャンタ・ゴーダガマヤ著『アーユルヴェーダハンドブック』　日経ＢＰ）

アーユルヴェーダドクター曰く、〝病気の素となる毒素はココロが生み出している〟ココロの在り方を見直すとカラダは全く違った結果になります。

そのココロが生み出す毒素の捉え方を次章の３章で話します。

3章

ココロとカラダの繋がり

ハード面のカラダは、ソフト面のココロが動かします。
ココロは感情に動かされ、感情は脳の中枢を動かし
その影響は一つひとつの細胞に届けられ
生命維持の鍵を握ります。

感情はカラダ内外共のエネルギー体にも働き掛け
意識体の中に入り卵の殻の様にカラダをスッポリ被っています。

貴方のカラダはどんな感情に包まれていますか…。

ココロの毒素がカラダを蝕む

感情と思考の矛盾から生じた鬱憤《うっぷん》は、不完全燃焼して「毒素」を発生させていきます。**思考で〝こうするべきだ〟と考える事と、ココロで感じる想いが異なると、**そのギャップからココロの葛藤が起こり、燻《くすぶ》った感情は不完全燃焼して毒素になります。この葛藤感情から生まれた毒素は37兆個以上ある細胞に送り込まれます。

「デトックス」と云ってカラダの内部に溜まった毒だしのケアは様々にあります。

しかし、毒素の製造元はココロなので、ケアを施しても一時的にしか過ぎません。

いわゆる結果に働き掛けるケアは、施術されている期間は効果がありますが、終わってしまうと徐々に元に戻ってしまいます。溜まってしまった毒素はケアなどで排泄されていきますが、製造元はココロが原因なのです。

ココロの葛藤から生じるストレスは、それが歪《ひず》みとしてカラダ全体に影響し、中枢部の自律神経・免疫力・ホルモンバランスに及んでいきます。詳しくは2章を参照してください。

カラダをハードとすると、ココロはソフト

パソコンやスマホをカラダに喩えると、その機械を動かすためのソフトがココロになり何をダウンロードするのかによってカラダの機能は全く異なります。パソコンもスマホも、ソフトが入っていないとただの機械に過ぎません。カラダもコアの魂が入り、体験を通してココロが育ち個性が生まれなければ、身体という機械に過ぎません。そして、そのココロには感情がありその感情がカラダの操縦を握っているのです。

ココロはどこにあるのか？

ココロが喜んでいる・ココロが悲しい・ココロが痛いなど、その時々の感情を感じるところはどこでしょうか？　そして、何か大切なモノを失った時やココロが苦しかった時、胸に手を当てて撫でたり叩いたりしていませんか？

ココロの場所はレントゲンでも写りませんが確かにあります。心臓・肺のある胸の周辺になるでしょうか…。

そのココロを支配している情動(感情)は、大脳辺縁系の扁桃体と海馬に関与し自律神経などの回線を通して、カラダ全体に影響しています。ビックリした時、ゾーッとした時も起立筋で毛が逆立ちます。それは、感情が体毛の一本一本に繋がっている事を意味しています。

そのココロにある否定的感情(怒り・悲しみ・苦しい・辛い)は、細胞達に怒っている…悲しんでいる…辛さを我慢しているなどと緊張を伝えます。

同じ様に肯定的な感情(喜びや幸せ)もカラダ全体に拡がります。恋する女性はイキイキと輝いているし、目標を持っている人も軸がしっかり凛としている姿をカラダは表現します。

その様に、ココロの状態はカラダのネットワークに乗って全身に隈無く伝達され、身体の細胞達もカラダを包むオーラ(エーテル体以上)もすべて感情を纏っているといっても過言ではありません。

カラダを操縦しているのは感情

感情には、大きく分けて「愛」と「恐れ」の二つがあります。一つは愛の肯定的感情、〝与える側〟であり、もう一つは恐れの否定的感情、〟与えて貰う側〟です。

私達は様々な体験を通して、人として熟成し情緒面やココロを養い育てています。

その体験が嫌な出来事として判断され、感情と紐付けられ保存されてしまうと、その後の体験の快・不快の判断基準となっていきます。

その嫌な不快と感じる体験は、〟その体験から何かを学びなさい〟、〟忘れていた事に気づきなさい〟のサインだったかも知れません。その様な場合に考えられるのは、自分のステージ(周波数)を上げるためにハードルを高くしているので、体験自体もハードなものになります。それは決して安易に乗り越えられるモノではないかも知れません。言ってみれば辛い・悲しい・苦しい体験と思われるでしょう。
※その体験はアクシデントやトラブルと感じるかも知れません。

何でわざわざ勝手にハードルを高くしてしまうの！　と思われると思います。それにも理由があります。4章「意識について」で詳しく説明しますが、高自我の計らいなのです。

高自我は、分離している身体自我(自我)を導き、魂の霊格を上げるためのエクササイズを用意している様です。そのエクササイズは身体自我が行います。一般的にエクササイズは辛いものです。

レベル	感情	エネルギー(Hz)
悟り	表現不可能	700-1,000
平和	至福	600
喜び	静穏	540
愛	崇敬	500
理性	理解	400
受容	許し	350
意欲	楽天的	310
中立	信頼	250
勇気	肯定	200
プライド	嘲笑	175
怒り	憎しみ	150
欲望	切望	125
恐怖	心配	100
深い悲しみ	後悔	75
無感動	絶望感	50
罪悪感	非難	30
恥	屈辱	20

うまくいきやすい
うまくいきにくい

「意識のマップ」
（デヴィッド・R・ホーキンズ著『パワーか、フォースか』ナチュラルスピリット刊　より抜粋）

でも何のためにエクササイズをやっているのか？　それが判れば納得して挑んでいけませんか？

右の表は、感情を現わしている周波数です。達観されている悟りレベルから否定的感情に苛まれている状態までを判りやすく数値化したものです。

感情の状態を示す、**エイブラハムの感情の22段階**というものもあります。

1 喜び／気づき／自由／愛／感謝
2 情熱
3 熱意／意欲／幸福
4 前向きな期待／信念
5 楽観的な姿勢
6 希望
7 満足
8 退屈
9 悲観的な姿勢
10 不満／苛立ち／焦り
11 打ちのめされている状態

12　失望
13　疑い
14　心配
15　批難
16　落胆
17　怒り
18　復讐心
19　嫌悪／憤り
20　嫉妬
21　不安／罪悪感／自信喪失
22　恐れ／悲しみ／うつ状態／絶望／無力感
（エスター・ヒックス＋ジェリー・ヒックス著『新訳　願えば、かなうエイブラハムの教え』ダイヤモンド社刊　より抜粋）

1番が愛と感謝で700Hz以上、7番がニュートラル・現状維持・ギアが入っていない状態、22

番が無気力・あきらめ・最低の周波数20Hzです。

どの感情が身体を操縦してカラダ全体を包んでいるのか？　を意識していただきたいのです。

感情の周波数は無意識にカラダを操縦しています。その感情が放つ周波数は手足となって同じ周波数を持っている人・物・事・外からの情報を招き入れます。さらに招き入れた人・物・事は土産（纏っている関連している物）を持って訪れ、それを肥やしにしてさらに自らを増幅させます。

良くも悪くも、その無意識の行為により、自分の人生を形創ってしまう事に気づかなければなりません。

そして〝恐れ〟という否定的感情がカラダを操作すると、〝足りる〟を知らずに求め続け、関わる人も自分も共に疲れ果てます。

ココロは誰によって傷付くのか？

ここからさらに否定的感情の〝与えて貰う側〟の話しをします。これがココロの本題です。

〝足りる〟を感じられないココロの状態です。

苦しい、悲しい、辛い体験はその体験者によって程度は違いますが、幼少の頃多くは親族や教師・特に両親の影響が大きいと思います。

特に幼児期のショック体験のダメージは大きく、大人になってもその影響は大きく残ります。

そのショック体験は恐れの感情と一緒に無意識に保存されているので、消化できずにそのまま未消化の塊となっています。

もし胃の中に未消化の塊が在るとしたらどうでしょう。冷たく重くて苦しく感じ食欲も失せてしまいます。その重苦しさを解消するためには消化剤を常用して薬によって助けて貰います。

では、未消化の塊が頭の中に在るとしたら…ココロに在るとしたらどうでしょう？　そんな塊がデータとして保存されているなんて、考えも及ばないのではないでしょうか。しかも否定的感情がカラダの中枢部に影響しているので、その未消化の塊が〝寂しい…悲しい…苦しい〟と訴えると神経ネットワークで全身に届きます。それが**感情の周波数**です。

幼児期にショックな出来事があると、その時点でココロの成長は止まりますので、幼児性として残ります。

その幼児性がカラダを操作するとしたら、どうなってしまうでしょうか…。

柔軟性が乏しい感情は、コントロールしにくく一旦怒りがこみ上げると物や人にあたり人間関係や物を壊し、コントロールできない状況を、駄々を〝捏ねる〟状態で顕わします。

この幼児性は無意識なので自覚はありません。大人の皮を被った幼児の存在が、自分勝手な正当性を振りかざして、誰かを名指しで攻撃している姿もそうです。

更に幼児性は、歪《ゆが》んだ表現方法になるので虐待やＤＶに発展していくケースもあります。親から虐待された子供が、大人になると自分も虐待する側に廻ってしまうのは、未消化のトラウマが脳内にそのまま残っている状態だからでしょう。
※身体は時間と共に成長しても、ココロの成長にはスポンジの様な吸収と排泄という柔軟性と素直さが求められます。

ココロの傷とカラダへの影響

傷付いているココロの傷は自分以外には誰も癒やせないかも知れません。癒やしていくには第三者の言葉を受け入れる柔軟性と、自分の中に在る塊を自分で消化していく作業が必要です。感情の根っ子には固定された信念があり、正当化していますので時間は掛かります。

ココロの柔軟性には角度を変えた考え方や捉え方を受け入れる努力が必要となり、古くなった出来事と感情を手放していく作業です。これはカウンセラーと共に行った方が安全です。なぜなら、進んで行くと抵抗が入り、怒りが出て暴走すると自分でもやり場がなくなり混乱するからです。

カウンセラーはあくまでサポーターです。自らがココロの新陳代謝をしていく、その思いに寄り添って方向性を示して貰います。信頼できるカウンセラーと伴走してケアしていく事が最良と思います。

別章で既に話しましたが、大人に植え付けられた信念(ビリーフ)は自分の軸として、目的(ゴール)に向って橋を掛け、その人生を進んでいきます。

しかし、人生に対しこの方向で良かったのか？　路を間違えていないか？　どこで選択を誤ってしまったのか？　などと思った時、どうしたらいいでしょうか？

それは軸となっている信念を見直す事です。今まで正しいと思っていた事が実は誤りだった、あるいは間違いだと思っていたことが実は正しかった。その正誤に気づいた時に、今まで目的(ゴール)として設定し、そこに掛けた橋が違う事に気づきます。

自分を縛っていたのは、実は自分だったという呪縛が解けた時に愕然とするかも知れません。その大きさに気づくと、自責の気持ちが出てくるかも知れません。その時は自分を責めず、に遠回りしたがその体験も必要だったと切り替えてくださいね。

今までの古い信念(思考のOS)を新しい信念(OS)に替えると、スムーズに事が運んだり、周囲の人が入れ替わったり、今まで進んでいた路が急に色褪せて見え、興味がなくなったりと感じ、違う事に気づくかも知れません。その時はしがみ付かずに、あっさり終わらせましょう。その**勇気は必要**です。

持論ですが、人生には潔さ《いさぎよ》があると切り替えがスパッといくと思います。

見直した信念と掛け替えた橋は今世だけの橋ではありません。未来世に向けての橋でもありますので、遅いという事はないのです。生ある間に、間違った古い信念(思考のOS)を替え、新しい橋を架ける事は、たとえ道半ばで終わっても、その続きは未来世で渡れます。大事なのは気づいた時点で行動する事です。それを踏まえて進みます。
※YouTube世界史を教える予備校講師　茂木誠さんの動画内で〝洗脳〟の事を〝思考のOS〟と表現されていて、面白い表現と思い、使わせていただきました。

最終的には相手を許す事を学ぶ

自分を傷付けた相手を許せないと思って生きているとしたら、それはとても無駄なエネルギーと時間の浪費になります。

許せない！　と思うその相手を許す事を今世のエクササイズとして、課題に掲げ生まれてきたらどうでしょうか。高自我は、自我に体験を通して覚《まな》ばせ、気づかせる存在です。

高自我は、分離している身体自我を体験させながら導き諭し統合していく。

その統合に至る過程の一つひとつの覚《まな》びは魂に届ける栄養となる。

その栄養は、魂の霊格向上となって周波数を上げ、何《いず》れ源にかえる。

地上に降りた時に分離し、再度統合していく道のりが今世の成長として、魂に記していく。


「許すを覚《まな》ぶ」、それはもう一人の自分の高自我が設定したエクササイズなのです。

体験で、許せない！　と停止してしまうと今世の課題をクリアにできません。

すると来世も同じところで同じ様につまずき、自分の正当化をベースに出来事の是非を判断してしまいます。傷付けた相手がどうであれ、「宇宙の法則」に従って、放った矢は必ず自分に戻る、その仕組みを信じて前に進んでいきましょう。

自らが下さなくても、天が判断してくれます。

ココロの器を柔軟にするには

このエクササイズがまさにココロの容器を柔軟にするための「許すを覚ぶ」訓練です。その訓練が、ココロの余裕を増やし遊びの部分を創っていきます。さらに、一方的な見方ではなく、角度を変えた観方や考え方は多方面からの捉え方になり、自身の豊かな器となっていきます。

インナーチャイルド

大人としての自分が、自分の内なる子供に愛という栄養を充分注ぎ育ててあげます。

そして止まってしまった成長を促し見守ってあげます。条件を付けずに味方になってあげてください。

セルフではなかなかイメージできなければ、退行催眠やNLP（神経言語プログラミング）をするカウンセラーにお願いをすると、保存データの書き換えができると思います。実際に退行催眠やNLPでは、その様な方法もあります。

傷付いた子供時代が、徐々に本来の内なる元気な子供「ワンダーチャイルド」なっていくために行《おこな》っていきます。ワンダーチャイルドはエネルギッシュで冒険好きです。人生は冒険だ！という様に育んでいきましょう。大人も子供も遊園地が好きなのは内なる子供が喜ぶからですね。内なる子供はインナーチャイルドと呼ばれています。

文章に書く事は簡単ですが、本格的な癒やしに取り掛かるには、多くのエネルギーと時間が必要です。自分一人で行うのはかなり難しいので、協力者を探しましょう。くれぐれも親族は避けてください。関係性が拗《こじ》れます。

インナーチャイルド(内なる子供)が徐々に癒やされて来ると、物事の捉え方、判断が変わって来ます。ココロも明るくなり、余裕が出てきます。

自分に厳しい方も、人に厳しい方も幼少期の影響が大きいかも知れません。自身のインナーチャイルドが充たされてきますと、安心感が得られココロが安定してきます。

物事の判断も変わり、何の条件がなくても、ココロが充たされてきます。それは外からの影響ではなく、すべては内なるココロの在り方です。

ココロの栄養について

ココロを豊かに育てるにはどんな方法があるのでしょうか？

人によって様々な心の充たし方があり、一概にこれをしたら充たされますよとは言えません。

例えば、願いが叶う事を幸せとして表現し、願いが叶わない事を不幸とします。

その幸せは、女性であれば好きな彼氏と結婚する事。男性であれば希望する企業に就職する事とします。

その願いが叶った後、結婚相手との生活までは判らずに、その後大変苦労し、何らかの理由で働けなくなった夫から暴力を受け自分が家計も子育ても背負うとしたら、いつまでが幸せと感じたのでしょうか。

男性側も、入社した会社はパワハラが横行し、サービス残業でカラダもココロも限界に達し日々出勤する事が困難になったら、いつまでが幸せと感じたのでしょうか。

その境界線はどこだったのでしょうか。


厳しいですが、この世には永遠なんて存在しません。

すべて長短はありますが期限付きの幸せという体験に過ぎません。いつまで続くかは判らないのです。

ココロの栄養とは、外部の人や物質的なモノ・出来事から得られ充たされるモノではありませんし、もし満たされてもほんの一時《いっとき》に過ぎないのではないでしょうか。

本来は、自身のココロの在り方・考え方・捉え方・受け止め方で充たされるのだと私は思います。

そのココロを育て豊かにしていくのは自分自身です。

幸せは、外部から与えられるのではなく、自ら感じ取るものです。


幸せを感じ取ったココロでワンダーチャイルドに育て、自分の人生の舵を握らせてあげませんか。きっと素晴らしい航海が待っています。シンドバットの冒険の様に…。

次章の「意識について」では、意識の説明とインナーチャイルドをもう少し詳しく話します。

そして、閃きや直感を受信する右脳と松果体、さらに高自我(ハイアセルフ)の存在に触れていきます。自我と高自我と魂の繋がりで今世の課題をクリアにし、使命を全うできる様なキャリア人生にするために進んでいきましょう。

エクササイズ

ここからは自分のココロに在る感情を観ていきましょう。

ゆったりと自分のココロと向き合うための時間と空間を創ります。

一人になる事を許してください。誰かに何か頼まれたりしない様に外出しても良いでしょう。
自分に問いかけます。
Q1　許せないと思っている人はいますか?
Q2　それは誰ですか?
Q3　なぜ許せないと思っていますか?
Q4　自分の事は好きですか?
Q5　自分を認めていますか?
Q6　自分を責めているところはありますか?
これは一例ですが、この様に自問自答していきます。すぐには素直になれずに言い訳が始まります。なぜなら許せない相手がいるとしたら、同じ様に自分を許せないところがあり、その割合は比例します。最初は〝自分は悪くない〟と思うので正統化します。繰り返す毎に徐々に素直になってきます。
右記は自分を許す事、そして相手を許す事を学ぶ一つの方法です。ぜひノートを用意されて自問自答された事を記していきましょう。

詳しくは4章「意識について」のP129「インナーチャイルドへの癒しと諭し」を参照してくださいね。

この様に具体的に角度を変えて自分の内なる感情や相手を客観的に観ると、動かなかった気持ちの塊も隙間ができます。その余裕は氷の様に表面から溶けていきます。

いきなり真ん中からは溶けませんが、徐々に小さくなります。

許せない人やパターンの共通点を探せば、早く溶けるかも知れません。そして、自身の許せないところも観察しましょう。

なぜなら、「許すを覚《まな》ぶ」訓練なので、その訓練の意図が判れば、方程式を解く感じで、後は同じ様に解けていきます。

それで傷付いた心が癒やせるのか？　と思われるかも知れませんが、あくまでもエクササイズです。脂肪も一回運動しても減りません。一ヶ月〜一年という様に日々意識してエクササイズをしていきます。継続は結果を生みます。

この様に、自分の内面を観ていくと徐々にココロの余裕を増やしていく事ができ、観方を変え、考え方を変えるエクササイズが、今後の生きていく役に立っていきます。

誰のためのエクササイズなのか？　それは自らが自分にしてあげる自分のためのエクササイズです。

次章の「意識について」では、今までの捉え方を替える話です。

4章

意識について

意識を変えればすべてが替わる

しかし、意識は８倍強力な無意識の力に引っ張られています。
無意識には感情が潜み、カラダもココロもすべてに繋がり
人生も動かします。

意識を変えるには無意識の整理が必要です。
その整理は、否定的感情です。

否定的感情は内なる子供「インナーチャイルド」を生み出し
インナーチャイルドは人生のハンドルを握っています。

人生路を変えるには
インナーチャイルドへの癒やしが必要です。

意識を変えるだけで、現実が変わるとしたら？

今までのループから別の螺旋線上に移り換えられるとしたら？

興味深くないですか？

意識と無意識と超意識について

意識は主に顕在意識（意識）と潜在意識（無意識）、そしてと超意識の3つに大別します。

通常の意識は顕在意識と言われ、左脳思考や所作動作になります。催眠療法では、顕在意識は12％位と言われ、潜在意識はその8倍で78％位あります。残りの10％は共通意識とも本能や動物脳とも云われています。

意識と無意識は力関係にあり、運動会の縄引きの様に力強い無意識へ引っ張られ、力弱い意識側がいくら頑張っても8倍近い無意識の力に負けてしまいます。

例えば、タバコを止めたいと意識しても、ストレスが加わると脳がパニックになり、無意識に習慣になっているタバコに火を付けてしまいます。結果止められません。

ダイエットもそうです。痩せたいと意識が決意しても、ストレス緩和で食べていると、ストレスを感じるとつい食べてしまう様になります。結果痩せられません。

この様に何か挑戦を試みても永く続かないのは、無意識が加勢してくれないためです。なぜ加勢してくれないかというと、無意識には恐れという感情が入っているためです。

超意識は右脳と繋がり、松果体を通して魂に繋がっています。閃きや直感などで私達に気づかせます。音楽家・芸術家などは宇宙意識を松果体で受け取り、それを表現している様です。いわゆる「降りて来る」と表現されたりします。神技と呼ばれる方々や、神が降りるなどと表現されるのはこの右脳から受信する叡智なのですね。

無意識はとても深く広い世界

無意識は周波数ですべてに繋がっています。その無意識に否定する感情が多く潜んでいると、周波数が低くなり宇宙意識にチューニングできません。

人智を越えた宇宙意識からの慧智を受信するには、無意識の周波数を上げなければなりません(3章P90「意識のマップ」参照)。

幼少時から13才位までに受けたショックな出来事や、親や親族・兄弟・姉妹・教師・友人などからの言動によって、ココロに傷を負ってしまうと、その傷は心傷として無意識に保存されます。

一旦保存された心傷は、解消する機会がないまま癒える事はなく、生命が尽きるまで無意識内に保たれ、ココロとカラダの健康だけでなく、関わる人間関係・人生の岐路や進路といった〝生きる事〟までも操縦され、生きにくい状況をつくりだします。

しかも、今世で解除しないと、継続され土産として来世にまで持ち越し、新しい生にも影響します。

子供時代の心の傷は、場面毎に刻まれて保存され、その場面毎に内なる子供(インナーチャイルド)を生み出し、その後の情緒面(感情)の基になっていきます。

それが人格の基礎となり積み上げられます。

さらには、傷付いた状況の疑似体験をすると、以前の感情が甦って当時を再現され本人を苦しめ続け、終わらない苦しみループになります。

幼少期に抑圧され傷付いている「内なる子供」インナーチャイルド

幼少期の心傷トラウマ(PTSD)によってココロの成長が止まってしまっているインナーチャイルドの存在は、事ある毎に本人に自分の存在を知らせます。「私はココよ」と無言で伝えています。無意識内に潜んでいるので、本人にも判りません。しかしすべての舵を握っているのです。

本来、カラダを動かしている騎手は宇宙と繋がっている魂なのですが、その騎手に成り代わり、操縦しているのが、人生の運転経験もない子供の存在です。

インナーチャイルドは、そのまま放置すると生涯に亘って自分を苦しめる存在となります。その子供はとても不安定で、その時々の感情によって人生岐路も左右されてしまうからです。忍耐が必要な場面や実行する時期を後回しにして、手放す必要のあるモノ・ヒト・コトを手放せずに時機を逸し、腐敗させてしまう場合もあります。

結婚したいという願望はあっても、インナーチャイルドが人や異性に対する偏見や恐れを持っていると〝怖い〟という信号を送るので、結婚には至りません。

また、自分の存在価値を得るために、どうしようもない人の面倒を見ることを選択し、〝私が居ないとこの人はダメになる〟などの理由を付け、その人と離れられない共依存になるケースもあります。

意識で思う事と、無意識で感じている事は異なり、そのギャップや矛盾を感じ苦しみの要因となります。

必要なのはインナーチャイルドを成長させる事

無意識のうちに、この様な体験を重ねていると、本来使うべき場所にエネルギーが届かず、カラダ再生も粗悪となって抵抗力が失せていきます。その結果、治らずに医者通いが始まります。ある程度ココロの傷の表面は治っても、中が塞がりにくいので、何かのキッカケでかさぶたが取れ、すぐ開いてしまう脆さがあります。しかもインナーチャイルドは、想い通りに行かないと駄々を捏《こ》ねて、周りからのあやしを求め、注目された分のエネルギーを奪うので一筋縄ではいきません。ですから、再教育が必要なのです。

私達の課題は自我となっているインナーチャイルドの成長を促す事です。

その再教育には、大人になった自分がその仕組みを理解し、加護が必要な時に傷付いた子供時代に意識を向け、〝内なる子供〟を温かく包み込んであげる愛情が求められます。

それは、自分で行《おこな》っていくか、あるいは信頼できるパートナーやカウンセラーと一緒に内なる子供に寄り添って、自分に統合する様に促していきます。

セルフでできる方法を最後に載せますので参考にしてください。


その作業には多くのエネルギーと時間を要します。簡単に上書きできる方法もありますが、度重なる深い心傷を負ってしまった場合には表面上の上書きより、中から縫合した方が良いと私は思います。

気づかずに長い間放置していたインナーチャイルドには丁寧に向き合わないと信頼関係が生まれずにココロを開いてくれません。

親との関係も絡んで来るので混乱が起こるかも知れません。

内なる子供インナーチャイルドを迎え入れ、無意識内の感情の塊を徐々に溶かしていくには、もう一人の自分、高自我との繋りを回復させていく意識が必要です。

インナーチャイルドの受け入れと再教育

この再教育は、一生を掛けた大仕事になります。なぜなら、インナーチャイルドの再教育には、自らの意識周波数を上げていかないと、無意識に潜む否定的感情の力にはかなわないからです。

インナーチャイルドは左脳の思考と大人の身体を使いますので、頭脳と身体は大人で感情は子供です。

その左脳の子供を包むには、愛の周波数が必要です（3章P90「意識マップ」を参照）。

愛の周波数になるには、多くの気づきが必要です。気づきは、硬くなった塊を消化していく酵素の働きをしてくれます。そしてスポンジの様に柔軟なココロにしていきます。

分離しているもう一人の自分　高自我（ハイアセルフ）

インナーチャイルドに翻弄されている自分はまだ周波数が低いので、高自我の存在と繋がれません。周波数が合わないからです。

自我というインナーチャイルドを癒やすには、大人の自分が仕組みを理解し、高自我の周波数に合わせる努力が求められます。インナーチャイルドはそれだけ強い存在です。
なぜ自分が傷付けられてしまったのか？
そこに焦点を合わせます。
先程今世で、できなかった課題は、土産として来世に続く話をしました。
多くの方は、その事は理解できないかも知れません、しかしあるのです。
まずは、その仕組みを受けとめていただいた上で、自分のいるフロアの話しをします。

自分の周波数を上げる　３つの観方

インナーチャイルドを再教育するには自らの意志周波数を上げなくてはならないとお伝えしました。では、どのように上げるのか、具体的な方法を観ていきましょう。

1 仏の教えの三世の仕組み
過去世・今世・未来世の三世から鑑《かんが》みると、今世で起っている出来事は、自分の過去世また過去の出来事の結果であると説かれています。

宇宙の法則でも伝えましたが、かつて自分の放った矢が時を果て自分に戻ってくる喩えです。

今世だけを観て、深意を確かめずに是非を判断してしまうと、何も解決しないまま、また次の世（未来世）に持ち越してしまうかも知れません。

過去に蒔いた種が時を越えて、結果として戻ってくるのです。しかもいつの世に戻ってくるのかは想像が付きません。花を咲かせて戻って来るのか、爆弾として戻ってくるかは判らないのです。

過去の種の結果が現況です。今の言動の種は未来に結果が出ます。となると、輪廻で戻ってくる時に今と同じで良いのでしょうか？

今より数段レベルアップした結果にしたいと考えたなら、この瞬間から意識を変えて無意識を整理する！　に挑んでいきましょう。


次に今、自分が居るフロアの話です。

2 ココロの十界のはなし

お釈迦様は、万人の苦しみの基である生老病死を如何《どう》したらその苦から解放されるのかを説かれました。その教えの一つが六道輪廻と四聖です。そしてココロの在り方を十界で顕わしています。

今の自分の居るココロの世界の界層(フロア)です。

六道輪廻の地獄《じごく》界・餓鬼《がき》界・畜生《ちくしょう》界・修羅《しゅら》界・人間《にんげん》界・天上《てんじょう》界と四聖の声聞《しょうもん》界・縁覚《えんがく》界・菩薩《ぼさつ》界・仏界《ぶっかい》、合わせて十界です。ココロの周波数です。

私達は一人ひとり皆仏界に向っている旅人です。今の環境や人間関係を観れば、自分がどの界層にいるのか一目瞭然と云われます。


思う様に行かないと嘆くより、自分の界層を上げる努力をしなさいと私の師は説かれています。

それが魂の霊格を上げる事になり、意識の周波数を上げる事になります。


分離している高自我と繋がり慧智をいただくには、ココロの周波数を上げる、そして高次我にチューニングできると、生きる路が変わっていきます。

自分を傷付けた相手を少しでも理解できると、観方が変わり、気がつくと周囲の人も入れ替わり、同じ人でも対応が異なってきますので、印象として〝変わった〟と思われると思います。私も少しずつ体験しています。傷付けた相手もココロの中は苦しんでいるかも知れません。

この様に、自我のインナーチャイルドに向き合うには、癒やす部分と言い含める部分と諭す部分と、その対応には多方面からの方法があります。

自我として形成されていますので、一筋縄ではいかないのです。

カウンセリングを超えた仏の智慧が必要と私は思います。

③傷付けた相手を理解する3つ目の観方として、舞台で喩えると判りやすいでしょう。
自分が主役で、監督がいて原作者がいます。今回はこんな筋書きでいきますと登場人物も選びます。その登場人物の中に父母役も設定されていて、ストーリーに沿ってそれぞれが自分の役を演じます。

ストーリーも登場人物も高自我が設定します。演じきった後は、お疲れ様といって解散され、その役から離れます。因縁が深いと続編になりキャストを変えながら再度続きを演じる様になります。

現在、繰り広げられている現況が、実はこの様な舞台で演じているとしたら如何ですか？　舞台から降りても、役者が気に入らないと言って相手を憎んで懲らしめますか？　客観的にみると、それをどう思われるでしょうか…。

出会う人は自分の内面を映す鏡に例えられます。内面は自分では見えないので、相手に映し出された状態で、自分を確認します。映し出した鏡が気に入らないと言って壊しても鏡は周囲に無数にあるので、自分を変える以外に方法はありません。

両親に傷付けられた方へ　私達の父と母は別にいる

私が思うに…私達は地上に一ピースの受発信装置を持って、〝行って来ます〟という感じで地上に降りてきます。そして人間界を修業場所として、肉体の生まれる環境と実父と実母を選びます。それは過去世からの因果関係によるので、自分にとって必ずしも住みやすい環境でもなく、父母の存在も自分にとって良き両親でないかも知れません。また兄弟姉妹含む親族との関係もしかりです。

多くの方は、現在の父と母が自分の本当の父母と思っていると思います。しかしそれは肉体を生んで育ててくれた親であり、人間界の修業をするために尽力した親の役目を担っている方です。

それは過去世の因果関係であり、過去世で敵だった相手が今世で解消するための父母になっている可能性も、親族も同じです。また、自分を磨くために自ら過酷な環境を選び挑む場合もあるでしょう。何《いず》れなのかは判りません。

本当の父と母はどこにいるのでしょうか？

あくまで私の考察ですが、一枚の大きなパズルをバラバラにすると一ピースの集合体と判ります。その一ピースを私達は分け、神の分け御霊《みたま》として宿しています。

私達の中に宿る御霊と源の神とはシルバーコードやフィールドで繋がっていると云われています。その源の神が本来の私達の父の存在であるとしたらどう思われるでしょうか。私はその様に受け止めています。

では母の存在はどこでしょうか。それは大地です。

身体としての生を全うするために大地は惜しみなく私達に衣食住を与えてくれます。この様に、母なる大地はカラダを維持管理するために、生きるパワーと地球上で生活するすべてを与えてくれます。

食物として、山・海・畑などから取れる物を育て、住いに使う木も、動物も養いその肉も毛皮も有効に使える様に提供してくれます。

物質としての身体を養ってくれる大地、その衣食住を育む大地へサンサンと降り注いでくれる太陽神。そして必要な雨を降らせて育んでくれます。この両親の恩恵がなければ私達は、この世に人間としては生きていけません。

その大地に帰る時はカラダという寿命が終わる時です。そして育ててくれた大地に戻っていきます。上から降りてきた魂は、身体と出合い、共同で役目と目的を果たし、終わると魂と身体は離れ、それぞれが元の場所に戻っていきます。

魂は学び得た情報を持ってそれぞれの集合意識へ届けます。何《いず》れは源の神の元へ帰るのでしょう。身体は他の生き物の素材として再利用されるために大地へ帰ります。それが何も残らない完全燃焼です。魂はやがて新しいカラダに宿り輪廻と転生が始まります。

私達が生まれながらに持っている受信装置とは

ここからは、超意識の話をします。

まず、大きなパズルの一ピースをそれぞれが一枚ずつ持っているとイメージしてください。そのパズルは壮大なビジョンでできていて、私達が生まれる時に持ってきた一ピースはそれぞれ固有の特徴を持っています。

たとえ同色であっても一つとして同じモノはないのです。よって人生は席取りゲームではなく、既にそれぞれの席は決まっています。

産まれる前に、一ピースを持ってこの世に降りて来ると言われても、何のために持って来たのかも知らないですよね。

あくまで私の論ですが、その一ピースはGPSの様な受送信器で、たとえどこにいても迷子にならない様になっていて、それは神の計らいだと思っています。迷子にならない様に親が子供に付ける装置です。

その装置は、天界から送られてくる周波数の受信装置です。またこちらからも周波数を通して発信できます。言ってみればアカウントを持っているので、通信網で一斉に送られてくるメール便を私達は受け取り、さらにオーダーもできるというすごい装置だと思っています。

私達の脳がパソコン機器

その受信装置を起動させるためにソフトをインストールします。それがココロであり、ココロを動かす感情です。もちろん思考も入ります。私達の持っている一ピースは天界とのネットワークに繋がる装置です。装置は設定しても送られてくるメッセージの解読が必要です。

送った側は当然送信されているので、相手は受け取っていると思っているでしょう。

しかし、たとえばPDFで送られてきても、自分の機器の中にPDFの変換ソフトが入っていなければメッセージを解読できません。その変換ソフトが周波数であり、チューニングです。周波数が合わなければ解読できないのです。
※3章P90「意識のマップ」で、感情をHzで表し20Hz~700Hz以上と感情別に数値で表しています。

その変換ソフトの目安が、愛の500Hz前後位と思います。
ここでいう愛は慈愛ですから、見返りは求めません。なかなかその境地には立つ事は難しいですね。慈愛は菩薩様の境地です。(ココロの世界の9番目です)
表現するなら、喉が渇いている時に湧き出ている水を〝ご自由にお飲みください〟という存在なのでしょうか。
一般的にいう愛はエネルギーの交換であり、互いに与え合う喜びがあります。一方的に欲しがるものでも押しつけるものでもありません。重く感じるのは、愛ではなく愛欲という苦みになります。一人ひとりがこの様に、シンプルイズベストの仕組みを知る事ができれば、念《おも》いを残さず人生を全うできるでしょう。それを伝える事こそ、私の仕事だと思っています。

そのために命という時間を与えられています。

21世紀の「変革の知性」を学ぶ場「田坂塾」の田坂広志塾長が、〝その命何に使うのか!〟と問われたその一言が、ずっしり今も残っています。

右脳からやってくるメッセージを受け取る

今世の目的(ゴール)に必要なメッセージは右脳を通して送られてきます。

ゴールとは自らが掲げた旗印《はたしるし》で、人それぞれ違います。

そして、必ずしも物質世界で使われるお金には直接繋がらないかも知れません。

しかし充足感というココロを潤し、それが魂にとって喜ぶ原動力や栄養素となり、その栄養で、魂は成長していく事は最初に伝えました。

自分を信じる事、閃《ひらめ》きも直感も信じ、それに従ってカラダが行動していく事は、魂側からすると、とても微笑ましい嬉しい光景です。ぜひ魂を喜ばせてください。

ゴールへの軌道から外れてしまった場合は、違っていますよ…とメッセージがやってきます。それは最初小さいキッカケから始まり、なかなか気づけない場合は違和感や人を通して、またカラダの不調として現れてきます。薬では治らない状態になり、薬を変え医師を変えても改善しない様になります。原因が判らなければ処方も判らずに、検査など病名を探して時間も費用も労力も費やします。路が違うと合図されますが、ともすると合図に気づけずに文句を言ってしまうかも知れません。

また環境では、職場などでリストラや左遷など、生き方を強制的に変えさせられる様に、知らせてくる場合もあります。一般的にはその様な病気やリストラや左遷は悪い出来事と捉えがちですが、見直すキッカケを与えられます。そのキッカケを無視して無理に進むと、病気の進行や、仕事がもっと追い込まれた状態になっていきます。

右脳からやって来るメッセージを受け取るには、自分のココロに向き合って〝本当は如何したかったのか〝素直に向き合う事です。

素直に受け取ったメッセージが、自分の左脳思考からくる考えとは異なるかも知れません。

何《いず》れにしても、それは高自我からの計らいなのです。

右脳と左脳のバランスを観る

自分の想い通りにはならないと感じるのは、古い信念が固定概念として、判断基準となっているからで、やってくる結果に不満があるからかも知れません。

しかし、その思いのズレも、後になってみないと本当の意図は判りませんし、3章「ココロとカラダの繋がり」で話しましたが、何が幸せで何が不幸かは後にならないと判断できません。

右脳の感覚と左脳の思考を上手く使いこなすには、右か左かではなく、その時々のケースによって、譲り合う・協力し合う精神性が大切になると思います。

0か100かの極論ではなく、レバーの様にズラして調整してみると楽になる様に思います。カラダもココロも、人間関係も同じなのでしょう。

column

「ココロとカラダと魂に栄養を与える　空腹だから」

（シャーリー・マクレーン著『アウト・オン・ア・リム』KADOKAWA刊　より抜粋）

意識の勉強を始めた30年以上前に、この本に出会いスピリチュアル世界のシンクロニシティ（共時性）にとても興味を覚えた事は今も記憶に残っています。しかし、自分自身に受け入れる器がないと、深い意味も判らずに、通り一遍で過ぎてしまうものです。

2度目に、心友が送ってくれたシャーリー・マクレーンの動画をなにげにみていた時は、私にとっての宇宙からのメッセージを突然いただいた瞬間でした。

「心と躰と魂に栄養を届ける　空腹だから」

この言葉を聴いた瞬間に私の魂が「これだ」と示しました。そしてそれが、本書の核となりました。

私自身が本を書く原動力をいただいた言葉でした。

この様に、突然いただくメッセージは、その本人にだけ送られて来る気づきのメッセージなので、他の人が聴いても何の気づきにも繋がらないかも知れません。

周波数と波動のエネルギー

私達は、個々に波動エネルギーを発し、周波数として現しています。

以前にも話しましたが、意識の波動を上げ周波数を高めるために、魂はわざわざ重い身体に入ります。その身体は苦痛を伴う体験を幾つも通り、その苦痛を乗越えた先の達成感や安堵感を魂に注ぎ、その注いだエッセンスは魂の栄養となって波動を高め周波数を上げていきます。

その過程は、同時にココロを柔軟にして豊かさも得られ、その柔軟性と豊かさはカラダに注がれ、栄養素として構成されます。これが魂とココロとカラダが一体となって〝人生を生きる〟基になります。

この様に、**私達と外世界のすべてを取り巻く波動エネルギーは固有の持つ周波数として現され、眼には見えない世界ですべてを繋いでいます。**

眼に見える物質世界は物証として判断しやすいですが、眼に見えない世界は物証がありませんから、なかなか判りづらく判断できません。

人の意志もココロの感情も眼には見えませんが、その意志やココロにも波動エネルギーがあり周波数があるのです。

宇宙全体はこの波動（周波数）を発しています
意識体はすべてこの波動（周波数）でできています。
波動は共鳴し合ってコミュニケーションを取り合っています。

人は言語を用いて伝え合いますが、言語が通じ合わない動植物や鉱物も波動でコミュニケーションを取り合います。
波動が合わないところに植物を置くと植物は枯れる、その事を通して周囲に合わないと伝えますし、動物は自ら離れていきます。
私達も、周波数が合わない人や場所や環境には違和感を覚えるでしょうし、そこから離れたくなります。私も波動が低く重さを感じる人や環境には自分から近づかない様に、身を守る努力をしています。

インナーチャイルドへの癒しと諭し

最後にインナーチャイルドの癒やしと諭し、そして再教育を行っていきましょう。

まず両手を胸に置いて目を閉じてインナーチャイルドに呼びかけます。

〝今まで貴方が一人抱えていた苦しみを大人の私が預かってあげるから、もう心配しないで大丈夫よ、身を任せて。よく今まで頑張ってきたね〟とインナーチャイルドに呼びかけ大きく深呼吸します。

そして「これから楽になるようにしていくから、力を貸してほしい。」と伝えてから始めましょう。

この言葉は毎回唱えてください。

①「許せない！」と思った。
その「許せない！」をインナーチャイルドに訊ねながら紙に書いていきます。

「3章ココロとカラダの繋がり」で書いた文章があれば再度確認しましょう。
・許せないのは誰に対して？

・何が許せないと思っている、それはどんな事か？
書き出せなくても構いません、向き合ったその行為が大切です。
※リアルに感情が甦って来た時には、一旦中断して温かい飲み物、身体を温めるケープの様な物をはおり、リラックスしてください。お酒は控えてください。感情が甦ってきて混乱するかも知れません。

②その念《おも》いを書いた紙を消去します。
シュレッダーでも良いですし、手でちぎって、ゴミとして出してください。

捨てる時に、〝消去〟とか〝削除〟など言葉に出すと良いかもしれません。

〝クリーニング〟でも良いし、自分がシックリいく言葉を選んで実行してください。白紙でも大丈夫なので、同じ様に消去しましょう。この時日付を忘れずに入れてください。

この様に書き出す事と、消去する事を何回も繰り返します。

最初は、怒りが強すぎて書けないかも知れません。また、書いている間ヒートアップするかも知れません。涙が出てくるかも知れません。何れにしてもこの作業は、浄化です。

今まで溜まってしまった感情を出していく作業なのです。

そして「削除します」と伝えてください。

一人で行う事が難しい場合は、精神的に安定していて、一緒にいて安心できる方に見守ってくれる様お願いしても良いでしょう。
※インナーチャイルドが協力してくれない時は、再度時間を置いて挑んでください。

無意識内の感情を消去・削除した場所には、自分の好きな花や植物・香りなどを上書きしましょう。

時間も手間も掛かりますが、自分を傷付けた苦しめた存在は既に目の前にはいません。

あるのはその時を録画している再現テープを持っているインナーチャイルドだけです。

そのテープを持っているインナーチャイルドを癒やしてあげましょう
大人の自分が温かく包んで安心させてあげましょう。
辛さを共有します。
そして〝もう大丈夫〟と伝えてあげてください。
これからは、〝大人の私がついているから安心して〟と伝えます。

インナーチャイルドが持っている再現テープを貰いましょう。

インナーチャイルドが納得したら一緒に破棄しましょう。

インナーチャイルドを自分の胸の部分に迎え入れます。


自分の魂の光を否定的感情で覆《おお》っていたインナーチャイルド（自我）を自分のハートに迎え入れ、統合します。深呼吸しましょう（ジワッと温かさや涙が出てくるかも知れません）。

ずっと一人で頑張ってきたインナーチャイルドです。**排除ではなく統合です。**ここでしばらく時間を掛けてください。

統合されたインナーチャイルドと一緒に、遊ぶ・食べるなど楽しんでみましょう。さらに統合が進むとワンダーチャイルドに徐々に変化していきます。

魂と右脳を繋ぐ通路を開通させます。

松果体と連携します（眉間の奥）。

7番目のチャクラ（頭頂部）に一ピースを意識してアンテナを立てます
交信を許可しましょう（意識するだけで大丈夫です）。

以上はあくまで一例ですが、毎日少しずつ進めていきましょう。

まずは、インナーチャイルドとの統合を試みてください。

既に伝えましたが、生まれてから今までの間の身に起った出来事だけで判断するには納得できない事が多くあります。なかなか納得がいかない場合は、仏教の三世(過去世・今世・未来世)の教えを取り入れてみませんか? 自分を納得させる事が何より大切と思います。前に進むためにです。

5章ではエクササイズの具体的なやり方を書いています。3章と4章で念(おも)いを納得させてから、最後のルセット(調理)に入ります。

新しい自分と出会うエクササイズです。


一つには「自分を識る」こと。自分という素材はどんな種を持っているのか。

二つには「自分を活かす」こと。自分という花果の種を育てる環境を観ます。


まだわだかまりがある人や否定的感情がある場合、3章「ココロとカラダの繋がり」に戻って、感情を解放する考え方を再度見直してください。少し手間を掛けてみましょう。

それぞれの章は繋がっていますので、進んだり戻ったりと往復してみてください。

ではこれから自分の人生を美味しく調理するレッスンをスタートしましょう。

5章

ルセット法

「ルセット」とはフランス語で「調理」を意味します。

自分という素材を知って、素材を美味しく活かす調理法です。

～私の人生の羅針盤を創る～
今まで「眠っていた自分の可能性を甦らせる」
その意識は無限の可能性を引き出します
そして今を変えていきます。

自分とは何者なのか？
何をするために生まれてきたのか？
いったい何のために生きているのか…
その問いを探るためのメソットです。

この章では、今の意識を変えるエクササイズをします。
意識を変えるための練習を始めていきましょう。
まずは準備段階
「ルセット法の3つのポイント」を3つのステップと共に紹介します。

ポイント①生きてきた意味を解く

ステップ1

現在に至るまで何があったのかを辿ってみましょう。
まずは事の始まり、最初は何がキッカケで今に至ったのか？　それを綴《つづ》ってみます。
頭で選《え》り好みせずに全部書きます。重複しても大丈夫です。
文字に起こすと点が線に立体として観られます。
紙に書いて観ると紐解きやすくなります。

1▼起点の幼少期に興味があったことを書きましょう。

あくまでもキッカケなので、何でも良いのです。
例▼男の子—人を喜ばせたい・お金持ちになりたかった　など
例▼女の子—お嫁さんになりたかった・お姫様になりたかった　など
2▼現点を書きます。
例▼男性—職種：技術職　業界：医療　など
例▼女性—結婚し仕事を辞め、既に子育ては終わっている
パートで販売員の仕事をしている　など
3▼起点と今の繋がりを説明します。
例▼自分の夢はＩＴ関係の仕事をしたかった
でも叶わず歯医者になり歯科医師として医院を経営している
ご本人は全く違う現在と思っています。しかし、私から観るとどちらも、繊細な分野で一見外からは見えない世界の技術系です。共通点は、ＩＴは一般的にはパソコン内部で、歯科医は身体内部です。深い部分の技術系の仕事を好みます。医師は職業ですし、ＩＴもＳＥ（システムエンジニア）などの職業で、一見違う様ですが、対象が違うだけで好みは変わりません。起点である「人を喜ばせたい」に共通します。また「お金持ちになりたい」は経営者としての捉え方になります。この様に

気づくと〝そうか〟と納得できます。

女性の場合も、幼少期の夢は叶っています。結婚しているのでお嫁さんになっていますし、結婚式にはお姫様になりました。


この様に起点と今を繋ぐと〝納得〟でき、未消化の燻《くすぶ》っていた塊の部分が消化され始めます。

起点と現在が繋がり、納得できると、溝が埋まって軸がしっかりします。それまでの紆余曲折も挫折感も苦悩も徐々に納得できる様になっていきます。今まで否定していた様々な体験や出来事が繋がってくると〝だから今がある〟に集約され、〝そういう事だったのか〟としみじみ納得できる様になってくるのではないでしょうか。


ここの軸がしっかりするとココロが安定し、自分の選択は間違っていなかった、あるいは流されてしまった悔いがあっても**「これで良かった」という自信と安心感**が出ます。これが大事なのです。

すると次に説明する②の価値が判ってきます。

あくまでも練習ですので、正面からだけでなく横面も後ろ面も逆さ面からの観方もしていきましょう。その柔軟性を養うと、土壌が柔らかく豊かになって、自分という種を植える準備ができます。

ポイント②生きている価値を識る

ステップ2

自分の履歴の始点と現点の中間地点の様々な出来事を記入してみましょう。
・一本の線でなくて大丈夫です。
・最初は数本あっても、後で纏まってきます。
今までの生きてきた履歴を否定せずに認めていくと、その先の羅針盤に繋がります。
過去の職業に関する棚卸しから始めてください。この棚卸しは時間を掛けて丁寧に行います。
・職種として、どんな職業に就いたのか。職種毎に記入していきます。例：事務職など
・その職業を通してどんな仕事をしてきたのか？その内容を記入します。例：経理など
・その仕事内容を通して得た知識や資格を記入します。例：簿記〇級など
次ページに「過去の職業に関する棚卸し」のまとめ表を掲載していますので、そちらを基に一緒に作成していきましょう

職業編

	仕事先（複数可）	仕事の内容・経験など	その他・気づいた事 得た知識や資格など
例 事務職			
例 販売職			

1)職種(職業の種類)毎の欄を設けその横欄に仕事先を書きます。
2)仕事の内容を書いてください。書いていくと当時を思い出します。
3)気づいた事、出来事・トラブルやアクシデントなど何でも良いので書きます。
この様に職業事に整理しましょう(余裕があれば業界毎に整理してみるのも良いと思います)。
※欄はご自分で足し拡げてください
転勤などや子育て中で短期バイトを繰り返された方も、覚えている範囲内で大丈夫です。

短期でも順不同でも構いません、後から書き足す事もあるので行間を広めに空けて進めてください。

人によっては職業の棚卸しに3ヶ月以上掛かる場合もあります。

少しずつゆっくり思い出しながら現在に至るまでの過去を辿っていきましょう。

この作業は過去から今までの自分の履歴です。この履歴の整理は、とても意味深く消化不良でそのままにしていた出来事や残っている感情の整理にもなります。

未消化の部分は、織目で云う処理ができていない部分です。

生活編

年代別	A	B
50才～60代の今の状況		
40才～50才頃までの状況		
30才～40才頃までの状況		
20才～30才頃までの状況		
10才～20才頃までの状況		
10才以下		

いわゆる穴の開いた状態なので、何れその穴が大きくなり、全体がほつれてしまいます。

過去の整理は開いている穴を閉じる作業です。


最初は全部を思い出せません。無意識は糸を辿ると芋づる式で出てきます。少しずつ時間を掛けて記憶を辿っていきましょう。そういえば～等など、忘れていたコト・モノが見えてきます。


職業編が終わったら、次は生活編です。年代毎に整理し要約します。

Aには状況や挑戦した事などを書きます。

50代の頃新しい分野に挑戦しました～など。

最初はとても不安で大変だったけど、進むにつれ徐々に面白くなってきました～結果思いがけずこんな事になりました。等など。

Bには辛かった事やそこから得た学びを書きましょう。

子育てで大変だった事、介護で大変だった事、仕事で大変だった事など。

その年代を通して、得た学びを書きましょう。

私も、キャリアカウンセラーを始めた時は、後に判った起点の美と仏教に繋がるなんて思わずに、ただカウンセリングの延長線としか思っていませんでした。この様に、起点と現点の間を埋めていくと、バラバラになっていた過去の様々な体験が、実は目的(ゴール)に向っている貴重な体験で在り、段階であった事に気づけます。

その気づきこそ**自分への価値観**に繋がっていきます。ここでも納得ができると、今までの経験は無駄ではなかったと納得でき、さらに自分の軸芯がしっかりしてきます。

ポイント③生きていく指標を創る

これは人生の羅針盤です。人生という海原に羅針盤があれば航路が判ります。

そしてゴールは何となく判るという方も全く判らないという方も、ステップ①②を通過すると、今まで思っていたゴールとは違っていた…、あるいは逆に何となくゴールが見えてきた、そんな方もいらっしゃるのではないでしょうか。また、おおよそ判ったけれど、そこに向うための道筋が判らない、その様な方には羅針盤があれば心強いですよね。

ここでは、今とゴールを結ぶ線を引きます。

ステップ①では起点と現点を結びました。ステップ②では起点と現点の間の体験を書き出しました。ここからは現点と仮目的を繋いでいきます。

ステップ③では、今後のゴールを設置します。ここでのゴールは(仮)で構いません。

ステップ3

現時点から何年後にゴールを設定するかを決めます。

例えば10年後に設定したら、3年毎に区切ってみましょう。

3年後にゴール設定の場合は、1年毎に区切ります。

設定した年を3分割してみましょう。

例えば現在が55才として10年後にゴールを決めたとしたら、3分割して下記の様に55才～64才まで3等分します。

現在55才として
58才では…
61才では…
64才では…
例)55才で今何をしているのか…
64才では、どうなっていたいのか…
その羅針盤を創ります。
※1章「私らしい生き方へ」で理想の10年後をイメージしたモノがあれば参照しましょう。

自分という素材を活かしたルセット(調理)法

ある程度のゴールを決めて進むと、路が反れた時には軌道修正できますし、また、ゴールを替える場合も、どこから変えるのか判りやすいです。

ここまでの3つのポイントは、自分を知るためのポイントです。思い出し記載することで人生を振り返ります。

これまでの自分を労う気持ちは何にもまして自分への癒やしです。

頑張って耐えてきた自分の身体に向けて労わりましょう。

ここからいよいよ、ルセット（調理）に入ります。

レッスンー　自分という素材（種）を識る

〝自分という花を咲かせ果《このみ》を実らせる〟ために
まずは、自分がどんな種を持っているのかを識ります。

自分を食材や他の素材に喩えてみる…食材になって特徴を観察して観ましょう。

例えば、野菜に喩えて観ましょう。自分は野菜だとしたらミニトマトだな、と思ったとします。

なぜあなたはミニトマトだと思いましたか。

丸くて可愛らしい、小さくても目立つ、ミニトマトの様に赤を中心に色々な色や姿を見せられる、甘い雰囲気がある…など様々な理由があると思います。

同じ様に、果物やお菓子、他の食材に喩えて観てください。食べ物でなくても構いません。布地や金属、他の素材などあなたにぴったりだと思うものを見つけて喩えて観ましょう。

レッスン2　種植えの環境を見定め種植えの準備をする

食材や素材を活かす方法を考えてみましょう。

ミニトマトの場合、生でサラダに入れても良いし、お弁当に入れると見た目がきれいで食欲をそそりますよね。肉や魚の付け合わせでボイルしても美味しいです。また切らないでそのまま使える、常温保存可といった強点もあります。

同じようにレッスン1で喩えて観た野菜や果物、お菓子の調理法を思い浮かべてください。食材や素材のバリエーション・素材の良さなど最も引き出せる方法がベストです。布地や金属など食べ物以外で喩えて観た方は、活用方法やこの素材で何を創れるだろう、と考えるといいと思います。

レッスン3　自分を喩えた素材について書く

さらに詳しく自分が選んだ食材・素材について考えていきましょう。

例えば、以下のようなイメージです。

その食材・素材を選んだ理由：回答例）ミニトマトはいつも気になって目に付くから…

その食材・素材の弱点：回答例）熱い食材と一緒に生のままお弁当に入れるとへたのところがカビやすい

その素材の強点：回答例）どんな食材の中に入っても大体合う。
一個からOKで多い少ないは調整可能
その食材・素材の好きなところ：回答例）赤くて丸くて可愛い
その食材・素材の嫌なところ：回答例）トマトが苦手な人には受け入れられない…
その他特徴：回答例）四季を問わない…

レッスン4　食材と自分の共通点を探る

このステップによって、自分を客観的に捉えられます。
例）ミニトマトと自分の共通点を観ていくと…
・一つずつ丸く独立している。
・他の食材と混ざらなくても一つの食材として存在できるところ。
・煮ても焼いても生でもOK。メインディッシュの脇役でも、単独でそのままでも、いつでもどこでも食べられ、持ち運びにも便利なところ。
・トマトの枠からは外れずにバリエーションがきく。
・赤色は観ていても元気になれるし、食せばお腹も満たせるところ

・栄養豊富なところ　など

レッスン5　自分という素材を活かした調理法

本心に向き合ってみます。本当はどうしたかったのか？　何を望んでいたのか？　などの思いと向き合っていきます。

選んだ食材・素材が際立つための方法はどんなモノがあるのかなどを考えてみましょう。

例)ミニトマトとしての自分という食材の活かし方
・小さいが独立している。
ミニトマトは二つ四つに切ってもミニトマトそのもの。
・どんな料理にも調理できる
中華料理の炒め物にも、イタリア料理のチーズと一緒にも、和風の天麩羅にも、サラダにも使うが、ミニトマトとしての味は変わらない。
・相手の食材を選ばないで共同作業ができる。
よって、自分という特徴を活かした共同作業でも、単独作業もできる。

ミニトマトとしての自分は、個としての存在を大切にしている。ミニトマトの様に相手を選ぶ事な

く、**自らのパフォーマンスを発揮する事ができる。これが自らの大きな特徴になります。**

この様に、なにげなく選んだ食材と自分の特徴の共通点をみると、自分を客観的に捉えられ、大事に思っているところが浮き彫りになります。それが**譲れないところ**になります。

譲れないところを自分が疎かにしてしまうと軸がぶれて芯がなくなります。

その特徴が理解できれば、職種を選ばずに、**仕事の内容に入っていけます。**

ここまでが自分という素材を知って、自分を活かしていくレッスンです。

一つの食材から自分を客観視して、その特徴を理解して、自分という素材に合った調理法(生き方)を見つけていきます。

選択や判断に迷った時、喩えた素材に戻って、その特徴を今一度振り返り客観的に捉えると判断がつくと思います。あらゆる場面でご活用ください。

またここで今一度I章「私らしい生き方へ」に戻りRIASEC診断を再度確認しましょう。

自分の種を育てる環境を見直します。生き方を替えたい方、転職を考えている方も戻って確認してみてください。

レッスン後の観方

①自分を育てる期間

これは、仕事を通して自分を育てる期間です。

人によって異なりますが、私が今まで自分を観察した中で感じた事は、一つの業界の中の職業や職種には、約10年位の育成期間が必要なのではと思います。10年位経つと奥深さが解り見えてくる世界があります。いわゆる真がみえ物事の対処や対応・応用がきくのです。一本の軸ができると、幅を持たせるために他を受け入れる準備が整います。

②軸ができる

一つの職業に10年程培った時に一つの軸が成り立ちます。

その軸を二〜三つと絡ませていくと強固な軸ができます。それがオリジナルの軸になり、それぞれが助け合って横の連携が生まれます。

三つの方向からみた場合はトライアル△軸です。年齢的にいうとやはり50代位になりますね。

一軸の強さもありますが、二本で面になり三本で立体になり支え合いますから折れにくく豊かに成長します。

一本が折れても他の軸がありますから幅広く対応できます。

たとえ、就職先が同じでも業務内容が違う場合も軸足は別になりますし、また職種は同じでも業界が違うとこれもまた軸足が増えます。短期バイトであっても業界や業種が同じ場合は、プラスして合計してください。P１４０職業編でご自身が作成した早見表を基にみてください。

③収穫（花～果《このみ》へ）

軸が確立され、土地が豊かになると幹が育ち体験という枝が伸びて花をつける時期が訪れます。さらに時を経て果になっていきます。

桃の花が咲いて桃の実になり梅の花が咲いて梅の実になり、実が大きくなって収穫します。実になる前に花が咲かないと受粉できず実になりません。よってまず花が咲く行程を通らないとなりません。

④品質管理（改良の有無）

収穫するための品質チェックをします。届けた方に美味しく食べて貰える様に果《このみ》を想定して改良を重ねます。異質なモノを組み合わせる創造性も活かせます。

完成したら、その果を生産して必要な方に配って収入を得ましょう。種を取り保存して次世代にも種を残します。そして新たな次の種まきへと挑戦していきます。

この一連の行程は自分の魂の周波数を高める経験で在り、己を磨く期間です。


ともすると、過酷な経験は、正誤に焦点を絞って、犯人捜しをしたり至らない自分を責めたりと、混乱し自分を見失ってしまいます。

本書をキッカケとして、物事の本質を観ていきませんか？

私達は神の分け御霊を宿し、体験する毎に自分を磨き、魂格を上げていくために今ここにいます。

今一度その事を理解し、自身の内面にある光を外に放つ様に磨きを掛けていきましょう。

このワークには正解はありません。誰に見せるためのものでもありません。

自身の光を被ってしまったその膜を、たまねぎの様に皮を剥いでいくエクササイズです。

頭で考えようとせず、自分のココロを素直に見つめてレッスンしてみましょう。

迷ったり判らなくなったら、また1章～4章へ戻ってみてください。

時間をおいて、繰り返しやってみても良いですね。

1回目より2回目という様に螺旋を描きながら徐々に意識の周波数は上昇していきます。

毎回記録を残して、後で比較してみると、変化の過程が判り面白いかも知れませんね。


最後に、美妙メソッドのセミナーを受講していただいた70代女性からのお手紙の一部を、ご本人の了承を得て、本文のまま掲載いたします。


これまでの人生では、自分の本来の目的を半ば忘れ、少しずれた道を歩んで来てしまいました。

自分は何をしたかったのか…？　自分の使命を再認識できた時は、大変うれしかったです。

今まで出来なかった事を、残りの人生で、少しでも果たしていきたい……今では目的に向かって安心して歩んで行けるようになり、自分自身の中にしっかりとした柱ができたのを実感しました。

セミナーの学びを実践して自分の世界がこんなに大きくなるんだと知り、感激した時のことは忘れられません。

実践の中で心の奥に感じた充実感は生きるエネルギーとなり生き甲斐をもたらせてくれました。

実行力のない私ですが、最近は「目的の為に○○をしよう」と思うとワクワクして、積極的に行動できるようになってきました。気がつくと、以前あった将来に対する不安感や、不満感が、知らぬうちになくなっていたのです。

みなさんも、このエクササイズを通して、どうぞ変化していくご自身をお楽しみください。

おわりに

～生きづらさを抱えている…あなたへ～

私も生きづらさを抱えている一人でした。
以前の私の口癖は「もう…いいや」。
言った後、あぁ～また言ってしまったと思うのです。
何が言わせてしまうのか？　その心の奥底は判らずに繰り返していました。

どんなパターン毎に使っていたのか？　それを思い出してみると…。
自分の力ではどうしようもできなかった時にあきらめの言葉として。
苦しい現状を判って貰えなかった落胆の時に。
一生懸命やった結果、相手側の反応が異なって悲しかった時に。
そんな時々に溜息と共に万能の言葉として使っていたのでした。

そして、母との距離感です。これは多くの人が抱える問題でしょう。
母の介護をしている時に近所の方にこんな事を言われました。

「良い子チャンで育ってきたのね～」と。

その言葉を聞いてびっくりしてしまいました。

自分では親に逆らってきたと思っていた私が、そんな言葉を言われるなんて！

加えて「子供は親の言う事を聞かない～なんて当たり前」とも言われました。

今になって改めて、〝そうだったのか〞〝そういう事なのか〞と、親との関係について、それまでの自分の認識とは違う事実を知らされました。

知らず知らずのうちに幼少期から身につけた私の言動は習慣となっていて、自覚もなく、私は全く自分が見えていなかったのです。


母が脳梗塞で身体が不自由になってからは、親に従っていた時の私と、従いたくない気持ちが拮抗して葛藤が起り、苦しみ布団をかぶって泣いた事もあります。

そして看取り…。

母が他界してから苦しみはさらに増し、逆らった自分を責め続け、立ち直るのに3年程時を費やしました。してあげたかった事、したくてもできなかった事などを素直に言えなかった自分を責め続けたのです。

ある日、落ち込んでいた時の事です。やっと、自分の落ち込みの原因を探って分析を始めました。違う場面で落ち込んだ状況も当てはめて観察しました。

あの時はどうだったかしら？

この場合の状況はどうだったかしら？

など自分の中で気になっている記憶を辿って状況を思い出しながら当てはめていきました。

同じパターンはないか？　と共通点をみていきジ～っと観察していきました。やはり、一つの共通点が浮かび上がって来ました。

それは〝認めて貰いたいココロの欲求〟でした。

難しく言うと「承認欲求」といいます。それも自分が大切と思っている人に認めて貰いたい欲求です。

それが判ると、深く溜息《ためいき》をつきながら、〝そうだったのかぁ〟でした。認めたくない自分と認めざるを得ない状況の狭間で揺れ動き、不安定になりました。

すべての人に当てはまるのではありませんが、幼少時は、親に先生に認めて褒めて貰いたい欲求が多少あり、それが今も残っていると思います。その認めてほしい相手は、仕事先や恋人など人や状況を変えて現れます。

それが困《こう》じてくると、社畜の様な状況になっても頑張ってしまう状態になるかも知れません。

そのココロのパターンは、自分で気づいていくしかありません。誰も教えてはくれませんし、もし誰かに言われても、その時の自分のココロが素直に聴けず抵抗が入ると、この様な言葉が出ます。

〝貴方に何が判るの？　私の事を何にも知らないくせに〟と…。

実際私も良かれと思って伝えた時に言われた苦い経験もあります。

他の人は冷静にみていますから、自分以上に判るのかも知れませんね。

自分自身は、心の傷に触れないように避けますので、気づかずに同じパターンを繰り返してしまいます。


私も自分のパターンが判った時に、深い溜息と共に数日間ココロの葛藤《かっとう》が続き、複雑な心境で気力とエネルギーを消耗し、動けませんでした。

私は今まで、良くも悪くもこのパターンに動かされていたのだと実感したのです。

今までの事が解《げ》せました。再度〝そうだったのか～〟です。

この事で**人のカラダは気の力で動いている**のだと改めて実感しました。

「落ち込み」は気力も体力も奪い生命エネルギーを消耗させ**生きる気力を奪っていきます。**

欲求は底のないザルの様なモノで、どんなに注いでも底なしである。その事に気づかぬ内は決して充たされません。

母に認めて貰いたい子供の頃の欲求は、見えないココロの闇として大人になった今でも無意識に潜み、信念の中に組み込まれ人生を操っています。


大人のカラダと子供のココロの関係は、見える世界と、見えない世界の奥深い関わりとして、幹と根の様に切り離す事ができず、深く人生に関わっていきます。


さらなる生きにくさの原因は、見えない負のエネルギーに振り回されたことです。

今までの人生の大半の時間をその対処に追われ過ごしてきました。正負のエネルギーはすべてに存在していて、それは土地や建物や環境、さらに鉱物・植物・人もその波動エネルギーとして周波数を発しています。互いに共鳴し合い、同じ正負のエネルギーを引き合います。

それは、個々の**無意識内の周波数**が引き寄せるエネルギーで、自動的なのです。

そして、エネルギーは高い方から低い方へ自動的に流れていきます。

当時は自分でも何が原因なのか判らずに、じっと耐え忍ぶしかありませんでした。他人の感情やその人に付いている何かを感じ取ってしまい、それをカラダから出すために、未明に頭が痛くなり一晩中吐き続けて、朝には紫の顔色になってしまう様な事が、酷い時には1週間のうち2日位ありました。

息子にも「お母さんがまた吐いている〜」と生前の母に伝えていましたし、父からは「おまえは長生きできない」と言われていました。


自分を護る方法も判らず、外部の負の影響を受け続け気力を奪われていく日々でした。

出張先でも、場のエネルギーの影響を受けて夜中に具合が悪くなり、翌朝仕事ができずそのまま帰ってしまう事もありました。仕事先や経営する店舗も、気が付かないまま負のエネルギーが集まっている場所に引き寄せられて行きました。


対人関係にも影響があり、相手の負のエネルギーや感情が入ってしまいどこからが自分なのか境界線が判らず大変でした。

折角独立しても離れる事を余儀なくされた事も多くあります。経営していたお店も手放し、時間を掛けて何かを積み重ねる事も困難で、その場その場の対応で終わってしまいました。

おわりに

どうしたら普通に生活ができるのか？　判らないまま、自分の生命を維持する事だけに時間を使い、その繰り返しだったのです。

楽しみはあまり感じた事がなかったかなぁ〜。そんな人生でした。

生きているだけがやっとで、今思えば将来設計などは考えた事がなかった様に思います。


よくここまで諦めないで、また命が続いたと今更ながら感心しています。

明日どうなるかは、朝方にならないと判らない状態で、いつも死と隣り合わせでした。スレスレで生きながらえて来られたのは、仏教が礎《いしずえ》になっていたと思います。

よく人生は山登りに喩えられますが、私の場合もまさに1歩々ひたすら足を前に出して進んで来た感じです。

平成16年にはカラダの限界を感じ、それまで積み上げて来たすべての幕を閉じた時には、本を出す事も、今の指標を掲《かか》げる事も考えられませんでした。今思えばすべてを閉じてしまったからこそ、今があるのかもしれません。きっと私の根底には揺るがない「信じる」何かがあったのだと思います。

それが、「はじめに」で書いた、小学校在学中にハイアセルフとガイドが導いた「美と仏教」だったのです。「捨てる神あれば、拾う神在り」で、幕を閉じた翌年には、救いの僧侶と共に10年間、仏教の因果やカルマといった教えの実体験に入っていきました。そしてその僧侶が師となる大僧侶に縁を結んでくれました。今の私が在るのは大僧侶さまと、今は亡き僧侶さまのお陰です。

「美」と「仏教」の融合を「美妙」と顕わすまでの道のりは、先の見えない霧の中を歩いている様でした。まるで獣路《けものみち》の様にどこに通じる路なのかが見えなかったのです。今になって見ればそれもハイアセルフとガイドが魂の周波数を上げるために体験させたと思います。

青写真(※)として掲げた、今世の目的と伴う課題を、苦しみながら迷いながらも途中で諦めずに指導してくれたハイヤセルフとガイド、そして実行してくれた身体自我のお陰で、魂に栄養が届けられたとしみじみ感じています。

美の世界に居た30年間、その幕を閉じてからの約14年間は美を支える根の整理に費やしました。**「美とは…見えない意識が支えている」**そのメカニズムに到達した事は、今世の課題をクリアできた何事にも変えられない達成感です。

おわりに

自分を信じるという事は、六感以上から降りてきた直感や閃きを五感で感じ信じるという事。その受け取った直感感性を大切にしていくと、自分のハイアセルフとガイドの導きに添って行けると実体験から感じました。目指すは自我をハイアセルフに繋げていく事、それが魂の意に添った三身一体(身体自我・高自我(ハイヤセルフ)・魂)の生き方になると受け止めています。

美への探究の旅は、外観美から無意識の領域へと進み、**美を創っているのは無意識の環境**であり、その中に在る信念が、カラダとココロを動かし人生というハンドルを握っている鍵である事。
その信念を見直す事は、自分の人生その物を縛りから解放する事になると確信しました。

最後に私のこれからの夢を語らせていただきます。
ここで紹介いたしました「美妙メソッド」は私が40年間培ってきた〝美とは何か〟その自問自答に対して、四つの方向性から紐解いたものです。

それぞれの四つの側面から、美に向って伝えています。外側に見せる美とは**意識の集大成**で在り、その意識は無意識の根が健やかに育ってこそ得られる幹の美さである事。

さらに体験を通して枝が拡がって行き、自分らしい花果を付けていく。

それが、それぞれの生きる姿であり生きる様が顕す美しさです。

その四つの方向から施すケアで、内側から磨ける美妙ケアセンターを創りたい…それが願いです。


カラダは定期的にエネルギー体として充電する事を余儀なくされます。それが不調として現れますが、それを一時的な薬などで誤魔化し疎かにしてしまうとエネルギーが枯渇しカラダ自体が機能してくれませんし、カラダが動かなくなります。

エネルギー体としての消耗度合いは、ココロの感情によって消費率が異なります。

これらのメカニズムは、2章「生体バランスの回復」で詳しく伝えています。


与えられた命を全うし、完全燃焼する事が一人ひとりに与えられた究極のテーマであると私は思っています。美とはその全うしていく姿であり、そこに挑んでいく三身(カラダ・ココロ・意識)が魂の姿だと感じています。

自分の魂の意に素直に生きていく。

それが今世で全うできる様に、未来世に自分が臨む橋が掛けられる様に、そのサポートセンター（場所）創りを描いています。

ご興味のある方は、メールにてお知らせくださいませ。また、どのようなところに興味を持っていただいたかもお知らせくださるとありがたいです。

お待ちしています。

さらに、この本の編集に携ってくださった、みらいパブリッシングの田中むつみ編集長・塚原久美さん、企画の近藤美陽さん、そして橋渡ししてくださった友人である言語聴覚士の判澤佐織さん、ゆかさん。

そして、支えてくれた心友の浅沼由紀子さん、最愛なる息子康介へ愛と光と感謝を送ります。

ありがとうございます合掌。

あかさか わけい
美妙メソッド創始者

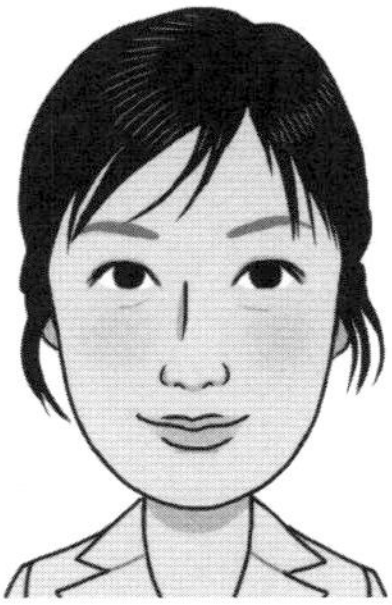

美の探求を生涯の主軸とし、美容師の造形美から始まりヨーロッパのエステティックを学び、国内エステティシャン養成講師・アジアの美容学校へエステ教育に出向く。フランス人インストラクターよりタラソテラピーを学び、その啓蒙に国内のスパ・代理店・サロンへ教育担当として就任。鎌倉に研究所を構え横浜プリンスホテルの宿泊プランにも参加する。
スリランカ留学にてアーユルヴェーダDr.よりフィジカルセラピーを認証される。その後キャリアコンサルタント国家資格から技能士2級の資格を取得後、多くの女性たちの人生や仕事の悩みに寄り添う10年間を経て、美の終着点として“美妙メソッド”を確立する。

主な略歴
東京マックス美容専門学校 教職員9年
エステテイシャン歴23年
自然療法&心理セラピスト歴14年
キャリアカウンセラー歴13年：教育現場・行政機関・民間・就職支援セミナー講師

主な資格
美容師／シデスコ international／色彩技能パーソナルカラー検定モジュール1／日本アロマ環境協会テラピー検定1級／米国催眠療法セラピスト／NLPマスタープラスティショナー／タラソテラピスト／アーユルヴェーダ フィジカルセラピスト／フィトテラピスト／キャリアコンサルタント「国家資格・技能士2級」／産業カウンセラー

美妙メソッドについてお問い合わせ
ソフロロジー®研究所&ココロの帆
blessing4for@ybb.ne.jp

研究所

kokoronoho

美《み》妙《みょう》メソッド
私《わたし》という花果《はなか》が実《みの》る人生《じんせい》の調理法《ちょうりほう》Reccette《ルセット》

2025年4月25日初版第1刷

著者　あかさか わけい
発行人　松崎義行
発行　みらいパブリッシング
〒166-0003 東京都杉並区高円寺南 4-26-12 福丸ビル 6F
TEL 03-5913-8611　FAX 03-5913-8011
https://miraipub.jp　mail：info@miraipub.jp
企画　近藤美陽
編集　塚原久美
編集協力　三村真佑美
イラスト　為本晃弘
ブックデザイン　坂本亜樹（デザイン室 白鳥と暮らす）
発売　星雲社（共同出版社・流通責任出版社）
〒112-0005 東京都文京区水道 1-3-30
TEL 03-3868-3275　FAX 03-3868-6588
印刷・製本　株式会社上野印刷所

ISBN978-4-434-35692-6　C2036